竜電《りゅうでん》 剛至《ごうし》

所属部屋	高田川
本　　名	渡邊 裕樹
しこ名	竜電
生年月日	平成2(1990)年11月10日
出身地	山梨県甲府市
出身校	池田小-竜王中
身　　長	190.0cm
体　　重	152.0kg

「遅咲きの大器」「オールドルーキー」──。
大けがで関取から序ノ口にまで落ち、
そこからの努力で幕内上位まではい上がった。
約4年の辛抱の時期が体と心を鍛え、
大相撲の最高峰「幕内」で戦う実力をつけた。
不屈の闘志・竜電。三役挑戦へ、
さらなる高みを目指す。

目次

竜電「10勝の壁破る」
心技体磨き勝負

稽古をする竜電（右）。左は玉鷲（片男波部屋）＝東京都江東区の高田川部屋

郷土力士で西前頭5枚目の竜電（甲府市出身、高田川部屋）が、12日に初日を迎える大相撲夏場所（両国国技館）で2場所連続の勝ち越しと2桁勝利を狙う。自己最多タイの10勝を挙げた先場所を「粘り強く攻められた」とする一方、「まだ立ち合いの鋭さが足りない」と稽古に励んでいる。6月の結婚披露宴を前にした本場所に「あまり気負わず、自分の攻める相撲を見せたい」。3場所ぶりの幕内上位で大勝すれば、目標の「三役」が見えてくる。

3日朝の東京都江東区の高田川部屋。竜電は元関脇で西前頭3枚目の玉鷲（片男波部屋）、東10枚目の輝と何度もぶつかった。

「当たる瞬間にパーン、と。力の強弱だよ」「踏み込みを速く」。高田川親方（元関脇安芸乃島）からは、立ち合いの「爆発力」を意識したげきが飛ぶ。

玉鷲とは7戦して4勝、輝とは11戦して5勝。立ち合いから体を相手に預けて圧倒する取り口の一方、体を起こされてなすすべなく後退する相撲もあった。「地道にやっている。少しずつ力は付いてきている」と竜電は手応えを口にする。

東11枚目で臨んだ3月の春場所（大阪）は、初日から3連勝を飾るなどして10勝5敗。3場所ぶりに2桁勝利を挙げた場所を振り返り「あまり力みがなかった。粘り強く戦えた」と攻めの姿勢を持ち続けられたことを評価した。

夏場所
西前頭五枚目

課題としては、さらに立ち合いの鋭さを磨くことと、焦らないことを挙げた。「焦って相撲を取ると、体が軽くなる」と竜電。「どっしりしながら、速い攻めをしたい」と理想像を語る。

「肩に力を入れない」ことも意識する。肩が上がってすぼむと、体が浮く要因になるほか、持ち味の柔らかさが出せなくなるからだ。相手の攻めを柔軟に受けつつ、懐に飛び込めば勝機は広がる。

昨年の九州場所（西前頭3枚目）に次ぐ番付で迎える今場所。前頭上位から中位の力士との取組が見込まれ、真価が問われる15日間となる。2場所続けての勝ち越しが当面の目標となるが、「そろそろ10勝の壁を越えたい」と力強い。「なかなか難しいが、（自己最多の11勝を達成）できたらすごい自信になる。自分の力を出し切る。立ち合いで鋭く当たり、攻めきりたい」と意気込んだ。

大相撲春場所１１日目、寄り切りで朝乃山を破った竜電（右）
＝エディオンアリーナ大阪

平成三十一（二〇一九）年 春場所

上位復帰へ正念場

鋭い立ち合いが鍵

春場所　東前頭十一枚目

大相撲初場所２日目、寄り切りで千代大龍を破った竜電（右）＝両国国技館

大相撲郷土力士の竜電（甲府市出身、高田川部屋）は、東前頭11枚目で春場所（10日初日・エディオンアリーナ大阪）を迎える。初場所は流れをつかめず6勝9敗と負け越し、番付を4枚落として臨む。2月の婚約発表後初めてとなる本場所。幕内上位復帰を果たすためには勝ち越しが必須で、「大勝ちできるように頑張っていきたい」と躍進を目指す。

竜電は1月に両国国技館で行われた初場所で、幕内自身初となる2場所連続での負け越しを喫した。「相手に攻められる相撲が多かった」と反省する。

2019年初めての一番は、大栄翔に突き出しで敗れた。初白星は2日目。千代大龍を寄り切りで破ったが、立ち合いで迷う取組が多く、5～8日目に4連敗。13日目には負け越しが決まった。

「自分の相撲は相手の（懐の）中に入って、先手先手で攻めること」と竜電。上位復帰には2桁勝利がほしいところで、今場所はいかに低く鋭い立ち合いで相手の攻め手を鈍らせ、持ち味のスピードを生かせるかが鍵となる。

2月に甲府市内で記者会見し、鹿児島出身の看護師福丸麻惟さんとの婚約を発表。度重なるけがからはい上がろうと奮闘していた時期を〝二人三脚〟で乗り越えて幕内昇進をつかみ取り、竜電は「近くで支えてもらったから頑張れた」と当時を振り返った。

前頭2桁で臨んだ場所は過去3度、いずれも勝ち越している。婚約発表という人生の節目の後の場所を前に「責任感は増すので、よりいっそう稽古をする。大勝ちできるように相撲を楽しんでやりたい」と決意を新たにしている。

婚約を発表した竜電関と福丸麻惟さん＝甲府市高畑２丁目（2019年2月1日）

竜電、鋭く白星発進

先輩の貫禄、新鋭・矢後下す

【大相撲春場所】矢後を下手投げで破る竜電（右）＝エディオンアリーナ大阪

三月場所初日

平成三十一（二〇一九）年三月十日

竜電 ● したてなげ ○ 矢後

一勝〇敗　西前頭十枚目

竜電は初顔合わせの矢後を下手投げで下し、幕内上位復帰に向けて好発進を切った。

「しっかり当たることだけを考えた」。元アマチュア横綱で入幕2場所目の新鋭に対し、低く当たった。突き放されて先に左上手を許したが、左下手を取って西土俵に寄り立てる。最後まで攻め手を休めることなく、タイミングよく投げて白星につなげた。

先に踏み込んだ1度目の立ち合いは互いの呼吸が合わず、行司に止められた。鋭く前に出て持ち味のスピードを生かす姿勢が見え、2場所連続負け越しからの巻き返しへの強い思いが透ける。

師匠の高田川親方（元関脇安芸乃島）も「しっかりと稽古は積んできた。信念を持って自分の速い相撲を本場所で出せれば勝てる」と期待を寄せる。

2月に鹿児島県出身の看護師福丸麻惟さんとの婚約を発表。人生の節目を迎えてから初めての取組を勝利で飾った。「婚約して責任感も生まれただろうから、もう一つ、二つ頑張らないといけない」と高田川親方。竜電自身も「より一層、稽古をして大勝ちできるようにしたい」と責任感は増している。

上位復帰には2桁勝利がほしいところ。「まだ始まったばかり。稽古はしてきたので、信じてやっていきたい」。緩むことなく、一番一番に全力を注ぐ。

耐えて連勝

「自分十分」で仕上げ　三月場所二日目

【大相撲春場所】寄り切りで松鳳山（右）を破った竜電

平成三十一（二〇一九）年三月十一日

竜電 ●よりきり○ 松鳳山

二勝〇敗　　東前頭十枚目

立ち合いで後手に。鋭さは欠いても、竜電はどっしりしていた。松鳳山の攻勢に耐え、最後は「自分十分」の形で寄り切り。初日から続けて勝ち名乗りを受けた。

2006年の春場所、2人は時を同じくして初土俵を踏んだ。それから13年。同じ土俵で互いの色をぶつけ合った。

激しい相撲が持ち味の三役経験者に立ち合いは低く当たられ、もろ差しを許す。ただ、それは一瞬だけ。「しっかりついていこうと思って、体が動いてくれた」。左をこじ入れて、左四つに持ち込んだ。これで相手を組み止めて勝負あり。

下手投げで七歳上の同期生を脅かし、右上手を取った。まわしを切ろうと応戦されるも、右を離さず前に出る。こだわり続ける「自分十分」の相撲。激しい攻防の末に、それで仕上げた。

幕内8場所目にして、初日からの2連勝は初めて。初日と同様、主導権を握った攻めからは力強さを感じさせた。

「気持ちが前に出ているので、それがいいかな。一番一番、しっかり（力を）全部出すことが大事だ」。婚約者の前で誓った、大勝ちの場所へ。その予感も漂う2連勝だ。

【大相撲春場所】勢の顔を張る竜電（左）

3連勝、光る安定感

一番に集中、充実の土俵

三月場所三日目

平成三十一（二〇一九）年三月十二日

竜電 ●よりきり○ 勢

三勝〇敗　西前頭九枚目

自らの相撲で飾った3連勝に、うなずけたのだろう。竜電の花道を引き揚げる様には充実感が漂う。

相手は左脚に故障を抱える勢だけに、勝ち星を得たいところ。その立ち合いは低く当たるも、威力では下回った。

でも、ここからの安定感が今場所の強さを支えている。

差し手争いから、得意の左四つに成功した。元関脇の実力者にすくい投げで抵抗されるも、動じるそぶりはない。攻めの姿勢を貫き、優位に進める。

右上手も取って十分に。低い姿勢で懐に入ると、最後はもろ差しとなって両まわしをつかみ、前に出て寄り切った。「しっかりと攻められていたので良かった。（場所前の稽古で）基礎をしっかりやってきた」としたり顔だ。

これで初日から入幕後で初めての3連勝。主導権を握り、自分の相撲を取れているのが頼もしい。初日からの連勝という〝未踏〟の世界を歩んでいく上で、「自分の相撲」が生命線になりそうだ。

「まだ始まったばかり。体調を崩さないようにしたい」。そう手綱を締め直し、目の前の一番に集中している。

竜電4勝、電光石火

低く鋭く嘉風圧倒

三月場所五日目

【大相撲春場所】寄り切りで嘉風を下す竜電（右）

平成三十一（二〇一九）年三月十四日
竜電 四勝一敗 ●よりきり○ 嘉風 西前頭十二枚目

前日の黒星を引きずることはなかった。わずか2秒。竜電は会心の相撲で嘉風を寄り切った。

「しっかり当たれたので良かった」と鋭い立ち合いで圧倒した。身長190センチの竜電は、10センチ以上低い177センチの嘉風よりも低く当たった。互いの頭がぶつかる激しい当たりで相手の力が抜けたところを見逃さず、右と左を差してもろ差しに持ち込み、一気に寄って4勝目を手にした。

三賞受賞8回、金星8個と実績十分の36歳の嘉風に、竜電は自分の形で相撲を取って勝利を引き寄せた。初日からの5日間を1敗で乗り切ったのは、関取となって2度目で自身最高成績。前回は昨年の秋場所で、その時は勢いのまま2桁勝利（10勝）を挙げている。

今場所に唯一黒星を喫した4日目の佐田の海との一番も、左を差して悪い形ではなかった。上位復帰のためにも2桁勝利がほしい今場所は、内容のいい序盤戦を過ごして結果も残している。

「気持ちも表に出せている。このまま最後までやっていきたい」。一喜一憂することなく、目の前の一番に集中する姿勢は中盤戦以降も変わらない。

【大相撲春場所】下手投げで友風を下す竜電（右）

竜電逆転 5勝

土俵際、こん身の下手投げ

三月場所六日目

平成三十一（二〇一九）年三月十五日
竜電 ●したてなげ○ 友風
五勝一敗　東前頭十三枚目

相手の強烈な突きに屈しなかった。竜電は土俵際まで追い込まれたが、逆転の下手投げで新入幕の友風を下して5勝目を挙げた。

「相手に攻められてしまったので、危ない相撲だった。土俵際の投げは、けがをしてしまう」。白星の喜びよりも反省が先に口をついた。

立ち合いはほぼ互角。竜電は低い姿勢で当たったが、相手の威力のある突き押しに後退を余儀なくされた。あてがいながら応戦したが、30キロ近く体重が重い180キロの友風の圧力を受けて東土俵際へ。それでも相手の右が空いた瞬間を逃さず、左を差して下手投げで勝負を決めた。

同じ二所ノ関一門の友風に対し、先輩の貫禄を見せて後輩の挑戦をはねのけた。攻め込まれても下半身に余裕があり落ち着いて対応。体がしっかりと動く姿からは、稽古を着実に積んできた成果が感じられる。

「また7日目から前に前に出て頑張る。攻めていくしかない」。2連勝してここまで1敗と、順調に白星を重ねても油断はない。立ち合いから前に出る攻めの姿勢―。自分の相撲を取り続けることが、連勝を伸ばす道だ。

攻め抜き6勝

狙った形、豊島退ける

三月場所八日目

【大相撲春場所】寄り切りで豊ノ島を下す竜電（左）

平成三十一（二〇一九）年三月十七日

竜電 ●よりきり○ 豊ノ島

六勝二敗　西前頭十四枚目

立ち合いから主導権を握った。竜電は攻める相撲で豊ノ島を寄り切り、6勝2敗と白星を大きく先行させて折り返した。

「しっかり立ち合いで当たって、まわしを取れればと思った」。狙った形で、幕内の優勝決定戦に出たことがある実力者を退けた。

3年ぶりの返り入幕のベテランに対し、低く当たった。素早く右前みつを引き、頭をつけて左四つ得意の豊ノ島に下手まわしを許さない。右上手から投げを打って揺さぶりながら、少しずつ前に出た。腰の重い相手の粘りに屈することなく、最後は右上手を引き付けて寄り切った。

前日、前々日と守勢に回っていたが、目指す攻めの取組を取り戻した。それでも竜電は「（右前まわしは）ちょっと深かった。もうちょっと良い位置を取れたかもしれない」と反省を忘れない。師匠の高田川親方（元関脇安芸乃島）も「白星先行だけどまだまだ」と厳しい表情で取組を見つめる。

連敗を喫することなく、順調に勝利を積み重ねて後半戦へ。「来場所も見越してスピードのある相撲を心掛けてほしい」と高田川親方。竜電は「まだまだこれからなので、しっかりやっていきたい」と師匠の言葉も胸に土俵に立つ。

【大相撲春場所】寄り切りで琴恵光（左）を破った竜電

勝ち越し王手

劣勢挽回、地力にじむ

三月場所十日目

平成三十一（二〇一九）年三月十九日
竜電 ●よりきり○ 琴恵光
七勝三敗　西前頭十五枚目

同じ轍（てつ）は踏まない。前日のばたついた相撲から一転。竜電らしい形を取り戻して長い相撲を制し、勝ち越しまであと一番だ。

竜電と同じく、もろ差しが得意な琴恵光。その立ち合いは低く当たって右を差す。自分の形ではなかったが、左上手から上手投げを放つも攻めきれず、逆にもろ差しを許す。正面土俵に何度か寄られたが、しのいでからがうまかった。

左の巻き替えに成功すると、右上手から出し投げを放つ。相手の体を崩して西土俵に追い詰め、そのまま寄り切り。右まわしが命綱となって、粘り勝ちした。

「相手の動きについていけたのが良かったが、もっと早く自分の形になれるようにしなければいけない」。そう自戒も含めたが、不利な体勢から挽回できた一番には地力がにじむ。

7勝3敗。連敗がないのも頼もしい。一気に給金を直して2桁勝利を目指したいところだが、「成績は気にしないで、前に出る自分の相撲を出していきたい」と先を見据える。

本来の攻めの相撲を貫ければ、おのずと結果はついてくる―。そう言いたげでもある。

竜電勝ち越し

2桁勝利へ「攻める」

三月場所十一日目

【大相撲春場所】寄り切りで朝乃山を破った竜電（左）

平成三十一（二〇一九）年三月二十日

竜電 ●よりきり○ 朝乃山

八勝三敗　東前頭八枚目

竜電は1分間の大相撲の末に朝乃山を寄り切り、11日目で給金直し。「勝てて良かった。勝ち越しを決められたのは正直うれしい」と充実感を漂わせた。

ともに7勝で勝ち越しが懸かった一番。竜電は幕内で4勝1敗とあいくちの良い相手に、立ち合いから低く当たってしっかり踏み込んだ。突き押しに応戦して組み止めたものの、朝乃山得意の右四つに。それでも上手を取って相手の右下手をブロックし、引きつけて少しずつ前に出た。「必死だった」と振り返る取組を制し、3場所ぶりの勝ち越しを決めた。

「立ち合いでしっかり当たり、前に出る相撲ができている」。朝乃山との一番を含めて今場所は立ち合いから前に出る姿勢が際立ち、自らも納得する充実した内容。「稽古はしっかりやってきた。その積み重ねなので怠けずに稽古をしっかりやっていく」と強調する。

自身最高の10勝も射程圏に収め、残り4日間を迎える。12日目はここまで9勝2敗と好調で、直接対決では過去2敗の碧山と対戦する。「残り4日、攻めの相撲を取っていく」。

前へ、前へ―。勝ち越しに満足することなく、自身が追い求める相撲を土俵で見せる。その先に2桁勝利は待っている。

竜電9勝、2桁へ望み
会心の一番、連敗止める

【大相撲春場所】大翔鵬を寄り切りで破る竜電（右）

三月場所十四日目

平成三十一（二〇一九）年三月二十三日
竜電 九勝五敗 ●よりきり○ 大翔鵬 東前頭十六枚目

連敗を喫した2日間のうっぷんを晴らす、竜電らしい会心の相撲だった。

2桁勝利を狙う竜電と、6勝7敗で崖っぷちの大翔鵬。ともに十両入りをかけ、立ち合いの変化に屈した3年前の一番を思ったのか「立ち合いだけしっかりいこうと思っていた」。

その立ち合いは思いの通りだった。踏み込みよく、頭から当たった。すかさず右を差して、左も前みつを取る。こうなれば相手のかいなは利かない。そのまま前に出て、休むことなく寄り切った。

勝ち越してからは「大型力士」と「小兵の業師」を相手に苦手意識がにじみ、本来の相撲ができずに連敗した。それでも、あきらめずに「2桁勝利」を掲げて前を向く姿勢が、この日の土俵上で実を結んだ。

「先に攻められたので良かった」。本人もうなずく相撲で2桁勝利へ望みをつないだ。

「千秋楽も（2桁勝利は）意識せず、前へ出ることだけ考えて取る」。控えめな言葉にも、確かな闘志はこもる。

目標達成、来場所へ弾み

10勝で締め

三月場所千秋楽

【大相撲春場所】寄り切りで琴奨菊を破った竜電（奥）

目標の2桁勝利を達成。その余韻に浸ることなく、竜電は10度目の勝ち名乗りを受けた。

一度は仕切り直しとなった立ち合い。竜電は低く当たって、すぐ右上手を取った。左も差すと、琴奨菊は左半身に。有利な展開だ。

優勝経験のある元大関に、竜電はさらに上手投げで崩して攻める。上手を切られるが何のその。すぐに取り直して、左も前みつを取る。こうなってしまえば、今場所好調の一門の先輩力士も残せない。両まわしをひきつけ、寄り切った。

2月に婚約を発表し、「大勝ち」を誓って迎えた春場所。楽日を飾って「10勝」で締めくくった。ただ、2桁勝利を果たした3場所はすべて「10勝」で、その壁を越えられなかったとも言える。

竜電の師匠、高田川親方（元関脇安芸乃島）は立ち合いに注文を付けながら「自分なりに考えて磨かないと、今の番付で勝てても上位では勝てない」と指摘する。

その言葉を知ってか知らずか、「来場所は番付も上がるので、基礎を中心にしっかり稽古していく」と竜電。前頭を上下する「エレベーター力士」とならぬよう、来場所も「大勝ち」が求められる。

平成三十一（二〇一九）年三月二十四日

竜電 十勝五敗 ●よりきり○ 琴奨菊 西前頭八枚目

春場所を振り返る 連敗わずか1度

大相撲春場所14日目、大翔鵬を寄り切りで破った竜電

大相撲春場所で、郷土力士で東前頭11枚目の竜電（甲府市出身、高田川部屋）は10勝5敗で3場所ぶりに勝ち越し、2桁勝利を飾った。連敗は一度だけ。竜電らしい相撲が目立ち、「立ち合いが鋭い相撲が多かった。もっと良くなる」と先を見据える。春から夏へ、期待が膨らむ場所だった。

2月に婚約を発表し、「大勝ち」を誓った春場所。関取となってから初めて、初日から3連勝を飾った。安定感と重厚感を示す勝ちっぷりに「大勝ち」の予感がたっぷり漂った。

2日目の松鳳山戦、3日目の勢戦のように、立ち合いは低く当たっても、後手に回る格好となった取組もあった。それでも、相手の攻勢にどっしりとして動じず、自分の相撲に持ち込んで白星を重ねた。

終盤まで連敗がなかったのも地力を感じさせた。5日目はわずか2秒で嘉風を、8日目は立ち合いから主導権を握って豊ノ島を、それぞれ寄り切って連敗を阻止。14日目には会心の相撲で大翔鵬を破り、連敗を2で食い止めて2桁勝利へ望みをつないだ。

千秋楽の琴奨菊戦も盤石だった。互いに左四つを得意とする相四つの相手に、上手を切られても、取り直して最後は十分の形で寄り切り。竜電が目指す相撲を体現しての勝利の一つとなった。

一方で、あいくちが悪い力士に対する苦手意識は課題として残る。9日目の石浦、12日目の碧山、13日目の千代翔馬。「小兵の業師」と「大型力士」には本来の相撲が取れずに敗れた。

碧山戦、千代翔馬戦で喫した連敗は勝ち越してからで、「大勝ち」を考えれば痛い黒星でもあった。また、番付上位力士との対戦がなかった場所だけに、取りこぼしはもったいなかった。

竜電の師匠、高田川親方（元関脇安芸乃島）は「流れの中でまわしを取る相撲がある程度、取れている」と認める。その一方で、竜電が自賛した立ち合いには「もっと厳しく当たって一気に攻めていかないと駄目だ」と一層の成長を求める。

鋭い立ち合い、主導権

来場所は番付を上げ、前頭上位陣との取組も増えるだろう。「立ち合いからの攻めがもう少し速くなれば、もっと良くなる」。6月に予定する挙式を前にした夏場所で、目標の「三役昇進」に近づけたいところだ。

大相撲春場所千秋楽、寄り切りで琴奨菊を破った竜電
＝いずれもエディオンアリーナ大阪

竜電　春場所の戦績

初　日	○矢　後	したてなげ
2日目	○松鳳山	よりきり
3日目	○　勢	よりきり
4日目	●佐田の海	よりきり
5日目	○嘉　風	よりきり
6日目	○友　風	したてなげ
7日目	●明　生	よりきり
8日目	○豊ノ島	よりきり
9日目	●石　浦	ひきおとし
10日目	○琴恵光	よりきり
11日目	○朝乃山	よりきり
12日目	●碧　山	ひきおとし
13日目	●千代翔馬	よりきり
14日目	○大翔鵬	よりきり
千秋楽	○琴奨菊	よりきり

平成三十一（二〇一九）年 初場所

幕内2年目、闘志新た
竜電、三役へ猪突猛進「力ついた」手応え

郷土力士の竜電（甲府市出身、高田川部屋）が、大相撲初場所（13日初日、両国国技館）で、幕内2年目を迎える。2018年の全6場所を幕内で戦い抜き、上位戦も経験。4場所で勝ち越し、大関からも白星を挙げて手応えをつかんでいる。「力強さ」と「立ち合いの鋭さ」をテーマに連日稽古。今年の目標「三役」へ猪突（ちょとつ）猛進する構えだ。

稽古に汗を流す竜電＝東京・高田川部屋

竜電は18年1月の新入幕場所に10勝5敗と大きく勝ち越し、いきなり敢闘賞を受賞した。春場所も11日目からの5連勝で8勝7敗と勝ち越し。その後は3場所中2場所で勝ち越した。1年納めの九州場所は6勝9敗と負け越したものの、初めて三役と対戦した。

大関栃ノ心に対して、優位な体勢ながら敗れた取組を反省。「自分のいい体勢になっても攻めきれないことが多い」と力強さが足りないと感じている。

九州場所後は各地を巡業。12月25日の番付発表後、27日に部屋恒例の餅つきに参加し、29日に稽古納め。数日間体を休めた。新年は、神奈川県内の寺を初詣に訪れ「健康でいられるように」と願ったという。2日に稽古を再開。4日は弟弟子を抱きかかえて下半身を鍛えたり、十両・白鷹山とぶつかったりして約2時間、汗を流した。

色紙に書いた19年の目標は「三役」。18年の「三役昇進」から短くなった言葉に、役力士への強い思いがにじむ。「2年目も同じ目標にして、上がる。実際、少しは近づいてきている」と18年当初に感じていた、三役との「距離感」の違いを実感している。

師匠の高田川親方（元関脇安芸乃島）は竜電の武器について「駒のように体を振りながら、スピードで攻めるところ」と評価。まず、5秒、10秒で決着を付けることを目指す。長い相撲になれば「誰よりも稽古をしている」（高田川親方）という体力差で競り勝つ戦い方にシフトするという。

19年初場所の番付は、3勝12敗と大きく負け越した18年夏場所（5月）と同じ東7枚目。「あの時は、ただ実力がなかった。今場所はどれだけ強くなったか分かる。だから、しっかりやって勝っていきたい」。相手の懐に素早く入り、前に出る。理想の取り口を追求して勝ち越し、番付を上げていく。

初場所
東前頭七枚目

竜電の2018年成績

初場所	（東16枚目）	10勝5敗
春場所	（西9枚目）	8勝7敗
夏場所	（東7枚目）	3勝12敗
名古屋場所	（西15枚目）	8勝7敗
秋場所	（東13枚目）	10勝5敗
九州場所	（西3枚目）	6勝9敗

形崩されず雪辱

一月場所二日目

【大相撲初場所】寄り切りで千代大龍を破った竜電（右）＝両国国技館

平成三十一（二〇一九）年一月十四日
竜電 ●よりきり○ 千代大龍
一勝一敗　東前頭六枚目

竜電は逆襲の寄りで、2019年で初めての白星をもぎ取った。「しっかり（気持ちを）切り替えられた」。なすすべなく敗れた初日の悪いイメージを吹っ切った。竜電がつっかけて、2度目の立ち合い。「しっかり当たったのでよかった」。左肩でぶつかると相手の突き押しに一歩、二歩と後退するが、初日の二の舞は踏まない。

応戦して相手の動きを見極め、両脇が甘くなったところに身をかがめて飛び込む。得意のもろ差しに持ち込んだことで勝負はあった。「前に出るだけだと思っていた」。素早く足を運んで、低い姿勢のまま一気に寄り切った。

昨年11月の九州場所4日目に、引き落としで敗れた千代大龍にリベンジ。苦手とする押し相撲に、自分の形を崩されなかったところに成長が見て取れる。

3日目は西6枚目の阿武咲とぶつかる。伸び盛りで連勝中の22歳が相手だ。「先よりも、一番一番しっかり」と淡々と言葉をつないだ竜電。白星を積み重ねた先に「三役」という今年の目標が見えてくる。

渾身、稀勢にささげる勝利

一月場所四日目

【大相撲初場所】朝乃山を寄り切りで破る竜電（右）

平成三十一（二〇一九）年一月十七日
竜電 ●よりきり○ 朝乃山
二勝二敗 西前頭八枚目

窮地に追い込まれても粘り、白星をもぎ取った。竜電は星を五分に戻すと、荒い息づかいで懸賞金を受け取って悠然と花道を引き上げた。

同じ二所ノ関一門で、かつて付け人として相撲道の一端を間近で見た横綱・稀勢の里が引退。竜電の取組からは、絶対に負けられない思いがにじんだ。

頭で当たると、立ち合いで素早く右を差した。左は回しをつかませず、前へ出る。朝乃山の反撃を受けて向正面の土俵に足が掛かるも「攻める気持ちがあったから、残せた」。

がっちりつかんだ右下手で投げ、劣勢を挽回すると土俵中央に。体を左右に振りながら足を運び、俵伝いに逃げる相手を最後は両回しを引き付けて寄り切った。

勝敗が決するまで43秒7の取組。角界でも随一の稽古量を誇る高田川部屋の竜電が、スタミナ、精神力で上回った。攻め手を緩めない渾身（こんしん）の相撲で、引退した横綱に勝利をささげた。

5日目は東5枚目で、3勝1敗と好調を維持している巨漢力士、碧山とぶつかる。「体は動いているので、徐々に良くなっていけばいい」と竜電。勝って序盤の5番で白星を先行させ、中盤以降につなげたい。

連敗脱出、巻き返し期す

一月場所九日目

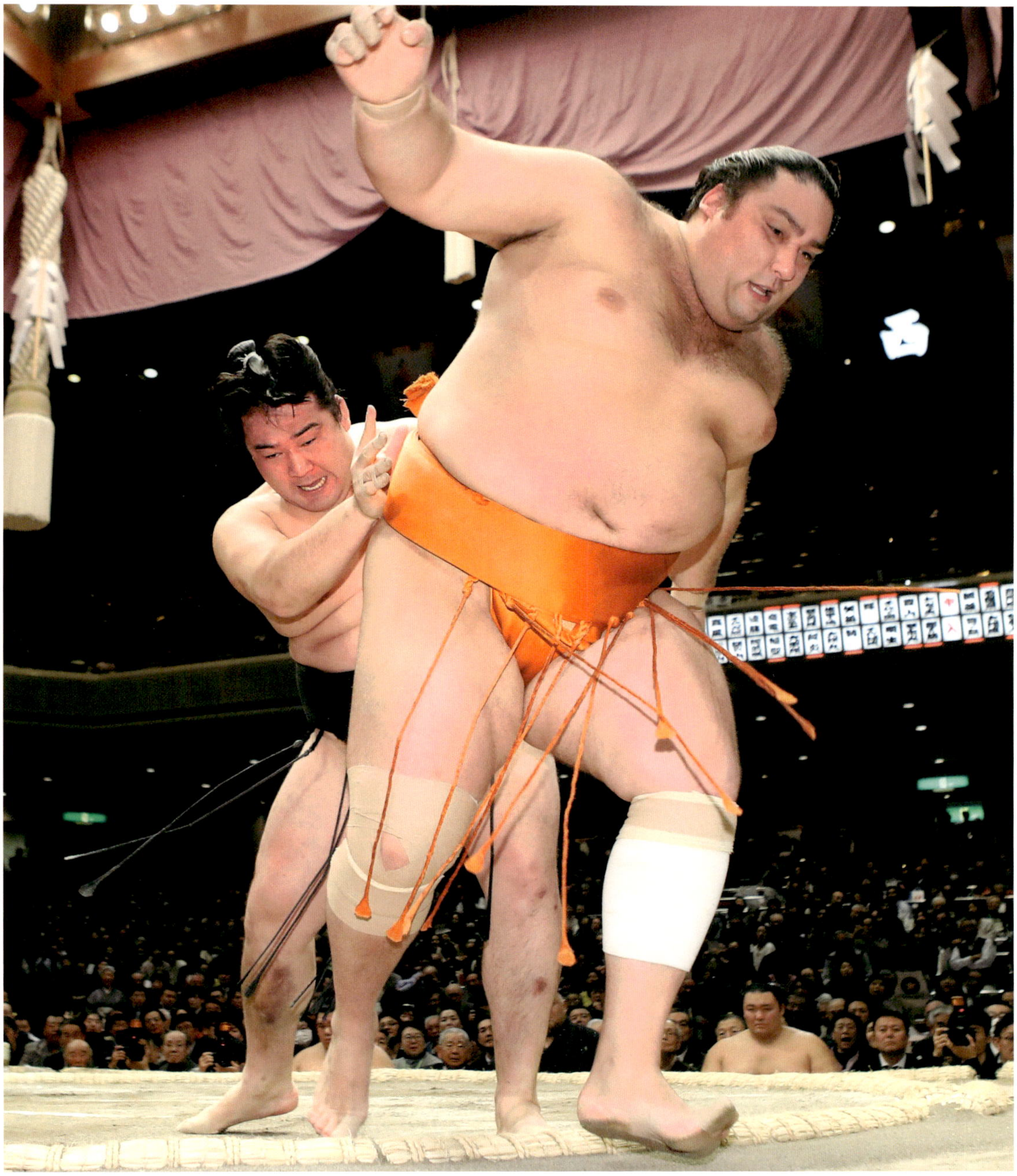
【大相撲初場所】送り出しで魁聖（右）を破る竜電

平成三十一（二〇一九）年一月二十一日

竜電 ●おくりだし○ 魁聖

三勝六敗　東前頭八枚目

竜電は立ち合いの勢いで魁聖を上回った。終始、主導権を握って巨漢力士に快勝し「力を出し切れた。体も勝手に動いてくれた」。5日ぶりに、土俵上で観客からの大きな拍手を浴びた。

２０４キロの相手に対し、竜電は立ち合いで頭からぶつかり、即座に右を差した。左腕を必死に動かして、右を差そうとする魁聖の手を入れさせない。

攻防の末に左もこれてもろ差しに。得意の体勢から左下手を深く取り、正面の土俵際を半身で残そうとする元関脇を、全身を使って土俵の外へ送り出した。

立ち合いから勝負が決するまで25秒。相手の首元、胸付近にずっと顔をうずめてじっと我慢した。4連敗した前日20日の取組後には「頭をつけて攻めないとだめだ」と反省していたが、その言葉を即座に実践。「立ち合いから頭が上がらなかった」と、納得の一番だった。

好調を維持していた平幕を破り、目の前での相手の勝ち越しを阻止した。「この1勝が立ち直るきっかけになったら、うれしい」。後半戦で巻き返すことができるか。10日目は西9枚目、人気力士の遠藤と対戦する。

【大相撲初場所】寄り倒しで明生を破る竜電（右）

一月場所十一日目

平成三十一（二〇一九）年一月二十三日

竜電 ●よりたおし○ 明生

四勝七敗　西前頭十二枚目

投げこらえ寄り倒す

竜電が〝土俵際〟で粘った。東土俵で明生の必死の投げをこらえて白星を挙げ、負け越しを免れた。幕内通算49勝目に「攻められたので良かった」とうなずいた。

前に出る姿勢が明暗を分けた。頭でぶつかった立ち合いは五分で「全力で立ち合いから当たっていった」。竜電が右、明生が左の差し手争い。攻防の末に右を入れると、左も差し、得意のもろ差しに持っていった。

竜電は攻め手を休めない。相手に体を預けながら、足を小刻みに動かして前へ出る。土俵伝いに逃げる明生に小手投げを受けたが、体を傾けながら耐えた。落ち際には左腕をたたみ、行司の軍配を受けた。

勢いのある立ち合いから、差し手争いを制してもろ差しに持ち込めたのが勝因。9日目の魁聖戦と同様、会心の相撲を見せた。

12日目は、11日目にやっと白星が出た幕尻・西16枚目の大翔丸と対戦する。「相手どうこうよりも、自分から攻めていく相撲が取れたらいい」。素早い攻めで幕内通算50勝目を狙う。

竜電、幕内通算50勝

初の連勝、勢いづくか
一月場所十二日目

【大相撲初場所】竜電（左）は寄り切りで大翔丸を下し今場所初の連勝。幕内通算50勝目を挙げた

平成三十一（二〇一九）年一月二十四日
竜電 ●よりきり○ 大翔丸
五勝七敗　西前頭十六枚目

1勝10敗と既に負け越している幕尻が相手の落とせない1番。竜電は危なげない取り口で一方的に寄り切った。今場所初の連勝で幕内通算50勝目を挙げた。「しっかり当たれたし、頭も上がらなかった」。充実した表情で語った。

立ち合いは大翔丸の手つき不十分で、2度目で成立。相手に低く当たられたが、すぐに左を差す。もろ差しを狙って右も差そうと試みたが、上手に切り替えて左四つに。竜電十分の形だ。

あとは相手のまわしを力強く引き寄せて西土俵へ一気の寄り。大翔丸に反撃の糸口をつかませなかった。

7敗目を喫してからの連勝に「開き直れたのかもしれない。ここ何日かは前に出ていて、だんだんと内容が良くなってきている」と手応えを口にした。

3勝7敗の崖っぷちから勝ち越した昨年の春場所（3月）の再現まであと3勝。簡単ではないが、先場所で上位戦を経験した力の見せどころだ。

「立ち合いに集中し、自分がやるべきことをしっかりやっていく」と気合を入れる。13日目は、こちらも幕尻（東）で負け越している大奄美と対戦。3連勝するには待ったなしの相手だ。

竜電6勝、有終の美

一月場所千秋楽

【大相撲初場所】琴恵光を寄り切りで破る竜電（左）

平成三十一（二〇一九）年一月二十七日
竜　電　●よりきり○　琴恵光
六勝九敗　西前頭十五枚目

竜電は勝ち越しを懸けた相手を退け、初場所を白星で締めた。2桁黒星を免れる6勝目を手にしたが、喜ぶそぶりはない。「（今場所は）悪いところがいっぱい出た。そこを直したい」と淡々と話した。

15日間を通じて課題だった立ち合い。千秋楽は納得のいく低さ、鋭さだっただろう。相手の胸に頭で強く当たると、すぐに左を深く差す。右はおっつけながら前に出た。

向正面に追い詰めたところで相手が突き落としを繰り出すが、竜電には効かない。足を運び、左を引き寄せて残す。最後は右手で相手の脚をすくい上げる〝奇手〟で勝負を決めた。

今場所の6勝9敗は、初の上位戦を戦った2018年の九州場所（11月）と同じ戦績。師匠の高田川親方（元関脇安芸乃島）は「動きが悪かった。思い切りのいい、スピードのある相撲が少ない」と手厳しかった。「もっと体を鍛えること。力強さを感じさせる体にしないといけない。今場所をいい経験とするには稽古しかない」とさらなる精進を求めた。

再び番付を落として迎える春場所。「またしっかり稽古をやっていく」。竜電は静かに巻き返しを誓った。

初場所を振り返る
竜電「流れつかめず」

「相手に攻められる相撲が多かった」と初場所を振り返る竜電＝甲府市内

郷土力士で東前頭7枚目の竜電（甲府市出身、高田川部屋）は初場所を6勝9敗で終え、自身初の幕内2場所連続負け越しを喫した。28日に帰郷した竜電は甲府市内でインタビューに応じ「相手に攻められる相撲が多かった。（白星を重ねる）流れができなかった」と場所を振り返った。番付を落として春場所に臨むことになりそうだが「立ち合いで自分の体勢になれるようにしたい」。三役という目標へ、地道に稽古を積み重ねる。

初の上位戦だった九州場所で6勝9敗と奮闘し、番付を四つ落として迎えた初場所。年初の一番は防戦一方で大栄翔に突き出された。新年初白星は2日目。千代大龍を低い姿勢で寄り切った。

今場所、立ち合いが1度で成立しない取組が目に付いた。6日目の嘉風戦は3度目で成立して敗れ、中日まで4連敗。竜電は「思い切りのいい立ち合いができなかったかもしれない。しっくりこないと悔いが残る」と話した。

後半戦は先手を取り、前に出る相撲が目立った。好調だった魁聖を破った一戦を「相手の嫌がる相撲が取れた」と振り返り、あらためて「自分十分、相手不十分の体勢をどれだけつくれるか」を勝敗のポイントに挙げた。

十分な体勢づくりに不可欠なのが「低く、鋭い」立ち合い。「ばしっと当たれば、流れが良くなる」。相手に圧力をかけて攻め手を鈍らせることで、スピードが生きることを確認した。

2月25日の番付発表を経て、春場所は3月10日に初日を迎える。「受けに回ると、9割方負ける。相手に逃げられても、怖がらずにどれだけ攻める気持ちを持ってできるか」と竜電。向かっていく姿勢で2桁白星を目指す。

目標三役へ巻き返し誓う

大相撲初場所9日目、魁聖（左）を送り出しで破る竜電＝両国国技館

竜電　初場所の戦績

初　日	●大栄翔	つきだし
2日目	○千代大龍	よりきり
3日目	●阿武咲	よりきり
4日目	○朝乃山	よりきり
5日目	●碧　山	はたきこみ
6日目	●嘉　風	よりきり
7日目	●隠岐の海	うわてなげ
8日目	●宝富士	よりきり
9日目	○魁　聖	おくりだし
10日目	●遠　藤	よりきり
11日目	○明　生	よりたおし
12日目	○大翔丸	よりきり
13日目	●大奄美	よりきり
14日目	●　勢	こてなげ
千秋楽	○琴恵光	よりきり

平成三十（二〇一八）年 九州場所

竜電 試される地力
初日正代、2日目は嘉風

10月の富士山山梨場所の竜電

大相撲郷土力士の竜電（甲府市出身、高田川部屋）は、自己最高位の西前頭3枚目で九州場所（11日初日・福岡国際センター）を迎える。先場所を10勝5敗と大きく勝ち越して番付を10枚上げたことで横綱、大関陣との対戦も濃厚。厳しい戦いが予想されるが、勝ち越せば上位陣の成績次第で初の三役も見えてくる。9日発表の取組では初日が正代、2日目は嘉風との対戦が決まった。10日で28歳。地力が試される納めの場所となる。

竜電は9月の秋場所で自己最長の8連勝などで10勝をマーク。自身最速の9日目に勝ち越しを決め「前に攻める気持ちがいい方向に向いた」と振り返る。

九州場所へ向けて、10月下旬に福岡入りして調整。体全体の強化に取り組んできた。下半身は四股やすり足といった相撲の基本動作に加えスクワットを繰り返し、上半身は腕立て伏せで鍛えてきた。

初日の相手正代は東4枚目で、元関脇の実力派。まわしを取って押し込む寄りが武器。夏場所（5月）は左からの肩透かしに残れず、竜電が黒星を喫した。

2日目の嘉風は西4枚目で36歳のベテラン。金星8個獲得し、先場所は11勝4敗の好成績だった。幕内では3度対戦し、竜電の2勝1敗。先場所は、はたき込みで竜電が勝っている。

2日間とも番付では1枚下の力士とぶつかる。白星を重ね、勢いに乗りたい。

九州場所は、横綱をはじめ三役との対戦が組まれる。これまで以上に立ち合いの鋭さ、圧力が必要。正攻法一辺倒ではなく、幅の広い取り口も求められてくる。

一人横綱・稀勢の里と結びの一番でぶつかる可能性も高く「持てる力を出し切る」とコメント。「勝ち越しを目指し、精いっぱいやっていく」と攻めの相撲を貫く構えだ。

「三役昇進」を今年の目標に掲げた。納めの場所へ「目標は達成しないといけないもの。強い気持ちで臨む」と気合を入れている。

九州場所
西前頭三枚目

上位と対戦 勝ち越し目標

西前頭3枚目という自己最高位で11月の九州場所に挑む竜電。横綱ら上位陣との対戦が待ち受ける場所へ向け「強い気持ちで臨む」と意気込みを語った。

8連勝した9月の秋場所は9日目で自己最速の幕内勝ち越しを決め、10勝5敗と大きく勝ち越した。「前に攻める気持ちがいい方向に向いた」と先場所を振り返った。

前頭上位に負け越し力士が多かったこともあり番付を10枚上げる躍進。「思った以上に上がって驚いている。うれしさがある」と率直な感想を口にした。

大幅な飛躍で、対戦する力士の顔ぶれは大きく変わる。秋場所で西3枚目だった遠藤は初日に関脇（逸ノ城）と対戦し、7、9、10日目は3横綱の白鵬、鶴竜、稀勢の里の胸を借りた。竜電も三役との対戦や結びの一番が組まれる。上位陣との連日の取組となるが「自分の攻める相撲がある程度できれば、（相手を）苦しめられると思う。勝ち越しを目指して戦う」と目標を口にした。

「持てる力を出し切れるようにやっていきたい。あと2週間、しっかり体をつくって万全の体調で、気持ち良く臨みたい」。四股やすり足で強化してきた自分の力がどれだけ通用するか。〝真価〟が問われる2018年最後の本場所。最高峰の力士たちとの戦いで、今年目標に掲げた「三役昇進」を達成するつもりだ。

【大相撲九州場所】嘉風を押し出しで破って初白星を挙げた竜電（右）＝福岡国際センター

竜電1勝、鋭い攻め

十一月場所二日目

平成三十（二〇一八）年十一月十二日

竜電 ●おしだし○ 嘉風

一勝一敗　西前頭四枚目

立ち合いから鋭く前に出た。竜電は嘉風を下し、自己最高位の西前頭3枚目で迎えた九州場所の初白星を挙げた。

立ち合いで下から強く当たると、相手の上体を上げて土俵際に追い込んだ。10センチ以上身長が低い177センチの嘉風に対して、低い姿勢のまま電車道で東土俵に押し出す完勝。「前に出ようとだけ考えていた。やることはしっかり決めた。流れで押せたのは良かった」と納得の取り口だった。

初日の正代との取組は黒星を喫したものの、立ち合いに低く当たって前に出ることができていた。もろ差しを許して不利な体勢でも左右の上手を取り、相手を追い込む攻めの相撲を見せていた。

場所前に「強い気持ちで臨む」と語っていた竜電。初日、2日目と前に出る攻めの姿勢を貫き、「巡業中もいい稽古ができていた。（今場所は）立ち合いでしっかり当たれている」と手応えがにじむ。

星を五分に戻して迎える3日目の相手は、初の三役との取組となる小結貴景勝。初日に横綱稀勢の里、2日目に大関豪栄道を破り、2日連続で殊勲の星を挙げている強敵に挑む。

今後の横綱、大関陣との取組、さらに今年の目標に掲げた「三役昇進」に向けて、試金石の一番となる。「しっかりやっていきたい」と気を引き締めた。

竜電が大関戦初白星

十一月場所七日目

平成三十(二〇一八)年十一月十七日
竜電 ●よりきり○ 高安
二勝五敗　大関

大相撲九州場所7日目は17日、福岡国際センターで行われ、郷土力士で西前頭3枚目の竜電（甲府市出身、高田川部屋）は大関の高安を寄り切りで破り、大関戦初白星を挙げた。

竜電は立ち合いで低くぶつかるとすかさず左を入れ、右上手も取った。高安の左下手投げをこらえると、左前まわしを取って、何度も前へ。最後は力を振り絞り、西土俵へ寄り切った。

中日（18日）は6、7日目に続く大関戦。3勝4敗と黒星が先行する栃ノ心の胸を借りる。

【大相撲九州場所】竜電（右）は高安を寄り切りで破り、大関戦初白星を奪った

我慢…機を見て高安破る

1分58秒。我慢して機を待った竜電は、高安を寄り切ると荒い息づかいで懸賞金の束をつかんだ。熱戦の末の大関戦初勝利。「やってきてよかった」。左目から涙がこぼれた。

「胸を借りるつもりで、真っ正面からぶつかっていこうと思った」。同じ一門の、先輩力士との一番。鋭く当たった立ち合いから、主導権を握った。

低くぶつかると、左を入れて右の上手もがっちり。押し合いから大関の左下手投げをこらえると、直後に左前まわしをつかんだ。しがみつくようにして長身を折り曲げ、何度も何度も。10回近く相手を押し、最後はあらん限りの力で高安を土俵の外に追いやった。

「余計なことをしないで前に、前にと思った」。取組後に土俵から下りる時の足がおぼつかなくなるくらい、死力を尽くした。土俵下では、しばらく右手を押さえるほど力が入った。「いい相撲を取れてよかった」。愚直に向かい続ける姿勢を貫き、連敗を4で食い止めた。

「竜電の相撲を思い切り取ってもらいたい。そうすれば面白いところを見せられると思う」。初日の取組後、師匠の高田川親方（元関脇安芸乃島）が語っていた「真っ向勝負」で万雷の拍手を浴びた。

18日（中日）は大関・栃ノ心とぶつかる。6日目から続く大関との3連戦だ。「またあしたから、勝てるようにやっていきたい」。納めの場所の目標は勝ち越し。短い言葉に決意がにじんだ。

大相撲九州場所の７日目、高安（右）を攻める竜電

粘って勝機、一気に攻勢

十一月場所九日目

【大相撲九州場所】御嶽海を寄り切りで下した竜電（左）

竜電は粘り強く有利な形に持ち込んだ。名古屋場所の覇者である長野県出身の関脇御嶽海を寄り切り、「焦らずに自分の相撲を取れた。攻める気持ちをずっと持てたことが良かったと思う」。充実感をにじませた。

幕内の土俵としては1976年夏場所以来、42年ぶりとなる山梨と長野出身による隣県対決。御嶽海にもろ差しを許すも頭を付けて耐え、左の前まわしをつかみ直してから一気に攻勢へ出た。

両前まわしを取って引きつけ、相手の突き落としにも崩れることなく、初顔合わせを制して三つ目の白星。50秒と連日の熱戦を制した竜電は、花道を引き揚げながら観客からの大きな拍手を浴びた。

「今まで稽古してきたことを出すだけだった。立ち合いでしっかり当たれればと思っていた」。低く当たって御嶽海を組み止め、我慢して勝機を見いだす。"らしさ"にあふれた相撲だった。

7、8日目の高安、栃ノ心という大関との一番も立ち合いで負けることなく、組み合う相撲が取れていた。格上と取組を重ねる中、自信を深めながら着実に力を付けていることがうかがえる。

今場所初の連勝を目指し、10日目は東6枚目の貴ノ岩とぶつかる。三役と戦ってつかんだ手応え、自信。番付が下の相手でも変わらぬ姿勢で一番に集中する。

平成三十(二〇一八)年十一月十九日

竜電 ●よりきり○ 御嶽海

三勝六敗　関脇

【大相撲九州場所】竜電（奥）は上手投げで朝乃山を下す

十一月場所十一日目

平成三十（二〇一八）年十一月二十一日
竜電 ●うわてなげ○ 朝乃山
四勝七敗 西前頭五枚目

相手の形、こらえて逆転

竜電は土俵際に追い込まれながら粘った。上手投げで朝乃山を背中から土俵に転がし終盤戦を白星スタート。「いいですね。動けていた」とうなずいた。

朝乃山は幕内での戦績で2勝1敗と勝ち越している相手。春場所（3月）と名古屋場所（7月）ではいずれも竜電が寄り切りで白星を飾っていた。

勢いのある立ち合いで上回った竜電は右を差し、下がりながら左の上手もがっちりつかむ。朝乃山の寄りを受けて土俵際に追い込まれるが、向正面で左上手投げを残すと形勢は逆転。相手の左足が後方にすべるのを見逃さず、左上手投げを打ち返して仕留めた。相手の得意な形をこらえて勝ちきったところに、「強さ」がにじむ。

11日目を終えて4勝7敗。後がない竜電だが、土俵上での表情や取り口からは貫禄や落ち着きを感じる。「差し負けてしまったのは、これからの課題」とこの日の取組を振り返り、「あと4番ある」と修正していく考えだ。

目標に掲げる勝ち越しには4連勝が不可欠だ。12日目の相手は11日目に負け越しが決まった関脇逸ノ城。「一番一番です」。初めて幕内上位で迎えた今場所の残り4日間をひるまず、気負わず戦う。

【大相撲九州場所】魁聖（左）をすくい投げで破る竜電

十一月場所十三日目

平成三十（二〇一八）年十一月二十三日

竜電 ●すくいなげ○ 魁聖

五勝八敗　小結

竜電５勝

三役と３勝４敗、力示す

今場所の最後の三役戦。竜電は小結魁聖を破り「いい相撲ではなかったけど、勝ちを拾うことができて良かった」。白星を重ねられたことに、胸をなで下ろした。

立ち合いは五分。右を差すが左は上手をつかめない。重い寄りに俵に両足がかかるも右へ回り込む。足をしっかりと運び「けがをするから」と敬遠するすくい投げで小結に右手をつかせた。「体が勝手に動いた」と振り返った。

これで今場所、土俵に上がっている7人の三役との対戦を終えた。大関高安（7日目）、関脇御嶽海（9日目）、魁聖を破り、三役戦は3勝4敗。上位で戦える確かな力を示している。

14日目は、西筆頭で押しが得意な北勝富士とぶつかる。幕内での対戦成績は竜電の3勝1敗。今場所はともに5勝8敗で意地のぶつかり合いになる。

「負け越した後が大事。残り2日もしっかりやっていく」。まだ連勝がない竜電にとって、最後のチャンスに臨む。

竜電　6勝で締める

「15日間すごく充実」　十一月場所千秋楽

【大相撲九州場所】大栄翔（手前）を寄り切りで破り6勝9敗で終えた竜電

平成三十（二〇一八）年十一月二十五日
竜電 ●よりきり○ 大栄翔
六勝九敗　西前頭九枚目

愚直に前に出続け、一年納めの場所を白星で締めくくった竜電。「すごく充実した15日間だった」と表情を緩ませた。

前日の取組で引いて黒星を喫したイメージを払しょくするように、相手から離れずに前進した。

五分の立ち合いから、相手の突きを跳ね返して左右を入れて寄る。のど輪で離そうとする大栄翔に食らい付き、相手の長所を消すように攻めた。動いて自分の形に持ち込んだのが勝因だ。

今場所は6勝9敗。12日目に負け越すも、粘り強く白星を積み重ねた。「幕内上位はいいところ」と言うように、7人の三役と総当たり。3勝4敗と健闘した。

自己最高位で、初めて上位で戦った。「挑戦して自分から向かっていったし、前に出ていた。よくやったと思う」。めったに褒めない師匠の高田川親方（元関脇安芸乃島）も納得の場所だった。

幕内で戦い続けた2018年。千秋楽に挙げた白星で、幕内通算成績を45勝45敗と五分にした。新入幕時から番付を大きく上げ、大関陣との戦いも経験。今年の目標に掲げた三役昇進は達成できなかったが、来年に期待が膨らむ。

九州場所振り返る
大関破り充実感

大相撲九州場所の７日目、大関高安（左）から白星を挙げた竜電＝福岡国際センター

　大相撲九州場所で、郷土力士で西前頭3枚目の竜電（甲府市出身、高田川部屋）が奮闘した。6勝9敗と夏場所（5月）以来の負け越しを喫したが、三役とは3勝4敗と健闘。自己最高位での戦いで確かな力を付け、「すごく充実した15日間だった」と振り返った。今年の目標に掲げた三役昇進は逃したものの「近づいてきた感触はある」と竜電。地道な稽古でさらなる高みを目指す。

　秋場所（9月）に10勝5敗と大きく勝ち越した竜電は番付を一気に上げて九州場所に臨んだ。

　2日目の嘉風戦は鋭い攻めで白星を挙げるも3〜6日目に4連敗した。3日目は自身初の小結戦で、初優勝を飾ることになる貴景勝に完敗。4、5日には平幕に敗れ、6日目は初の大関戦で豪栄道の巧みな寄りを受け「何もできなかった」と圧倒された。

　7日目。一つの大きな白星でその後の戦績は好転する。貴景勝と優勝を争った同門の先輩力士で大関の高安を、1分58秒の長い相撲で寄り切り。大関戦初勝利に「やってきてよかった」と涙をこぼした。

三役昇進へ手応えも

　その後は黒星と白星が交互になる戦績。大関3連戦の最後となった中日の取組は栃ノ心に力負けし、9日目は42年ぶりの山梨、長野出身による関脇御嶽海との対決を「攻める気持ちをずっと持てた」という戦いで勝利した。

　負け越しが決まった12日目は逸ノ城を2度、土俵際に追い詰める展開。あと一押しが利かずに上手投げで敗れ「弱かっただけ」と潔かった。

　「負け越した後が大事」という言葉通り、意地を見せたのが残り3日の取組だった。13日目は小結魁聖にすくい投げで勝ち。14日目は積極性を欠いて北勝富士に黒星を喫したが、千秋楽は持ち前の動きの良さを見せて大栄翔を寄り切り、今年最後の1番を白星で締めくくった。

　師匠の高田川親方（元関脇安芸乃島）は「よくやったと思う」とねぎらいの言葉を送りつつ、引いて負けた取組について触れ「引くことが癖にならないようにしないといけない」と注文。「今後もやることは一緒。スピードと中に入っていく相撲を磨くこと。それしかない」と飛躍へ期待を寄せた。

　幕内通算成績を45勝45敗で終えた2018年。「稽古を頑張って、来年は目標を達成できるようにやっていく」。三役は遠くないところにある。

竜電　九州場所の戦績

初　日	●正　代	したてなげ
２日目	○嘉　風	おしだし
３日目	●貴景勝	つきだし
４日目	●千代大龍	ひきおとし
５日目	●妙義龍	よりたおし
６日目	●豪栄道	よりたおし
７日目	○高　安	よりきり
８日目	●栃ノ心	よりきり
９日目	○御嶽海	よりきり
10日目	●貴ノ岩	はたきこみ
11日目	○朝乃山	うわてなげ
12日目	●逸ノ城	うわてなげ
13日目	○魁　聖	すくいなげ
14日目	●北勝富士	おしだし
千秋楽	○大栄翔	よりきり

平成三十（二〇一八）年　秋場所

試金石の秋場所へ意気込み

稽古に取り組む竜電（左）＝東京都江東区の高田川部屋

「攻めの速さ」で勝負
連続勝ち越し狙う

秋場所
東前頭十三枚目

郷土力士で東前頭13枚目の竜電（甲府市出身、高田川部屋）が、9日に初日を迎える大相撲秋場所（両国国技館）で幕内2場所連続の勝ち越しを狙う。先手を取りきれなかった先場所の反省から「攻めの速さ」を意識し、厳しい稽古に取り組んできた。「初日に勝って波に乗りたい」。3場所ぶりの白星発進で10勝以上を目指す。

1日朝、東京都江東区の高田川部屋。四股やすり足を繰り返した竜電は、小結玉鷲（片男波部屋）の胸を借りた。

高田川親方からは「腰が高い」「相手のパワーをかいくぐらないと」とげきが飛ぶ。「立ち合いの当たりが強い力士。それに負けないように。相手の中に入ることを意識した」と竜電。17戦して12勝5敗と勝ち越したものの「本場所と稽古場は違う。稽古場でしっかり相撲を取って、場所でそのまま出したい」と語った。

8勝7敗で辛くも勝ち越した7月の名古屋場所。「勝ち越せたことは取りあえず良かった」としつつ「力負けすることが多かった。もっと力を付けたい」とさらなるレベルアップを誓う。

立ち合いからの圧力、攻めの速さが課題だ。名古屋場所で良かった取り組みを聞くと、9日目に寄り切りで白星を奪った荒鷲戦を挙げた。「立ち合いが良く、一気に前に出られた」。2・8秒で勝負を決めたスピード相撲は理想に近い取り組みだった。

番付を2枚上げて迎える秋場所。初日を目前に控え「基礎をしっかりやって、体をつくり、けがをしないようにしたい」と四股やすり足を重点的に行っている。「先手、先手で攻められるように、しっかり稽古をしたい」と意気込む。

「初日に勝って波に乗りたい。最終的には2桁勝って、三賞に名前が挙がるように頑張りたい」。幕内中位、さらなる上位を目指す上でも勝負の場所。「攻めの速さ」で一つでも多くの白星獲得を狙う。

【大相撲秋場所】隆の勝を押し出しで破った竜電（左）＝両国国技館

九月場所二日目

平成三十（二〇一八）年九月十日

竜電 ●おしだし○ 隆の勝

一勝一敗　東前頭十四枚目

会心の一番 取り口に幅

竜電は新進気鋭の押し相撲・隆の勝を押しで圧倒。攻め勝った会心の一番で、秋場所の初白星をもぎ取った。「こういう相撲を毎日取れればいい」と手応えを口にした。

相手は23歳の新入幕で、竜電にすれば苦手の押し相撲。いい立ち合いから、得意の左まわしに手がかかるが、取れない。一瞬、体を右へ開いていなし、すぐに思い直して前へ。速い攻めで東土俵に追いつめて、そのまま押し出した。

4歳上の竜電が先輩力士の貫禄を見せつけた。終始主導権を握り、攻め続けたのが勝因だった。取組前後で変わらぬ、落ち着いた表情が頼もしかった。

黒星スタートだった初日の相手は西13枚目・貴ノ岩。再入幕で最高位が前頭2枚目の実力者で、力負けした。

今場所初白星となった2日目の取り口で良かったのは、左を差しての寄りにこだわらず、相手のお株を奪うような離れた相撲で勝ったこと。幕下時代までは得意としていた突き押しが出たのは相撲の幅を広げる意味でも好材料で、今後に期待が持てる。

「相手をよく見ることができて、冷静だった。体も良い具合に力が抜けていた」と竜電。「3日目からも攻める気持ちで頑張っていきたい」と前への気持ちをあらためて強調した。

稀勢の露払い務め〝気合〟

九月場所三日目

【大相撲秋場所】隠岐の海を寄り切りで破った竜電（右）

平成三十（二〇一八）年九月十一日
竜電 ●よりきり○ 隠岐の海
二勝一敗　東前頭十二枚目

元関脇の実力者・隠岐の海にひけを取らず、得意の左四つで攻め勝った竜電。前日と同様、快勝での白星先行となった。

両者、立ち合いで右と左の差し手争いをしたが、竜電が差し勝って左四つに。だが互いに右上手が取れない。隠岐の海の左すくい投げをこらえた竜電は、右から押っつけながら前に圧力をかけて上手を取る。こうなったら竜電のもの。西土俵に詰まった隠岐の海を、右から上手投げに崩して寄り切った。

「ずっと攻める気持ちで動きを止めず、右の使い方を意識していた。うまく絞って、相手の左を殺すことができた。こういう相撲を取れると、少し力がついてきたかなと思う」。言葉通り、うまくて、力強い取り口だった。

この日は同じ二所一門の横綱・稀勢の里の土俵入りで露払いを務めた。巡業では経験があるが、本場所で横綱の露払いは初めて。連日、進退をかけて懸命の土俵に上る稀勢の里の姿に、刺激を受けないわけはない。前日の突き押しといい、前に出る相撲が取れれば、前頭13枚目の位置で白星を積み上げられる期待が膨らむ。

九月場所四日目
竜電不戦勝、三勝一敗

竜電は対戦予定だった西11枚目の旭大星が休場したため、不戦勝で3勝1敗とした。

じっくり攻めて同期砕く

九月場所五日目

【大相撲秋場所】錦木を寄り切りで破り、４勝目を挙げた竜電（左）

平成三十（二〇一八）年九月十三日
竜電 ●よりきり○ 錦木
四勝一敗　西前頭十二枚目

ともに前日まで3勝1敗と好調で、12年前に入門した同期生対決。竜電が得意のもろ差しに成功、錦木の抵抗をしのいで両まわしを取ったところが勝因だった。竜電は「2本（腕が）入ってからもう少し速く動いていれば、きめられなかった。ただ、無理に投げを打たなかったのが良かった」と取組を振り返った。

立ち合いは竜電が当たり勝ち、即座に左を差した。右ものぞかせたものの、錦木が左右の腕をきめて抵抗。竜電はやや攻めあぐねたが、右を何とかこじ入れて待望のまわしをつかむ。こうなれば勝負あったも同然。前に出て錦木を寄り切った。

2006年の春場所に入門した2人。十両入りは竜電の方が早かったが、けがで下に落ちている間に錦木に抜かれ、入幕も錦木の後塵（こうじん）を拝した。だが竜電にすれば、番付で追い付いた新入幕（今年初場所）の初日に勝ち、幕内力士としてやっていける実力を示した相手でもあった。

因縁の同期生に勝ち、手にした白星は大きい。序盤戦（初日から5日目）4勝1敗は新入幕からの5場所で最高成績となった。

竜電は14日、5連勝中のベテラン嘉風と対戦する。「6日目からも落ち着いて、攻める気持ちでこのままいきたい」。序盤の勢いを中盤につなげれば、目標の2桁勝利がぐっと近づく。

離れても良し、機敏なはたき

九月場所六日目

【大相撲秋場所】嘉風をはたき込みで破り、５連勝の竜電（右）

平成三十（二〇一八）年九月十四日
竜電●はたきこみ○嘉風
五勝一敗　西前頭十五枚目

竜電がつっかけた後、2度目の立ち合いでも迷いはなかった。

思い切りよく頭からぶつかり合った。踏み込みで嘉風に勝り、突き押しでも譲らない。ベテランを相手に主導権を握った取り口で、相手が反撃に出ようとするところで、タイミング良くはたき込んだ。

「体が自然に動いたし、流れがよかった」。幕内自己最多タイの5連勝は調子のよさの表れだ。

5日目まで1敗の竜電と全勝の嘉風という、前半戦きっての好取組。相手得意の離れた相撲となりながらも、竜電の動きがよく、三役通算8場所の一門の先輩に土を付けた。

これで、6日目までで5勝。得意の左四つか、もろ差しにならなくても、突き押しの攻防で勝てるようになったのは大きい。「夢中だったが、無駄な力が抜けていた。稽古場通りの相撲が取れている」。多彩な勝ち方は、自信を深めるとともに、相手に迷いを生み、好循環をもたらすだろう。

立ち合いも、新入幕時のような相

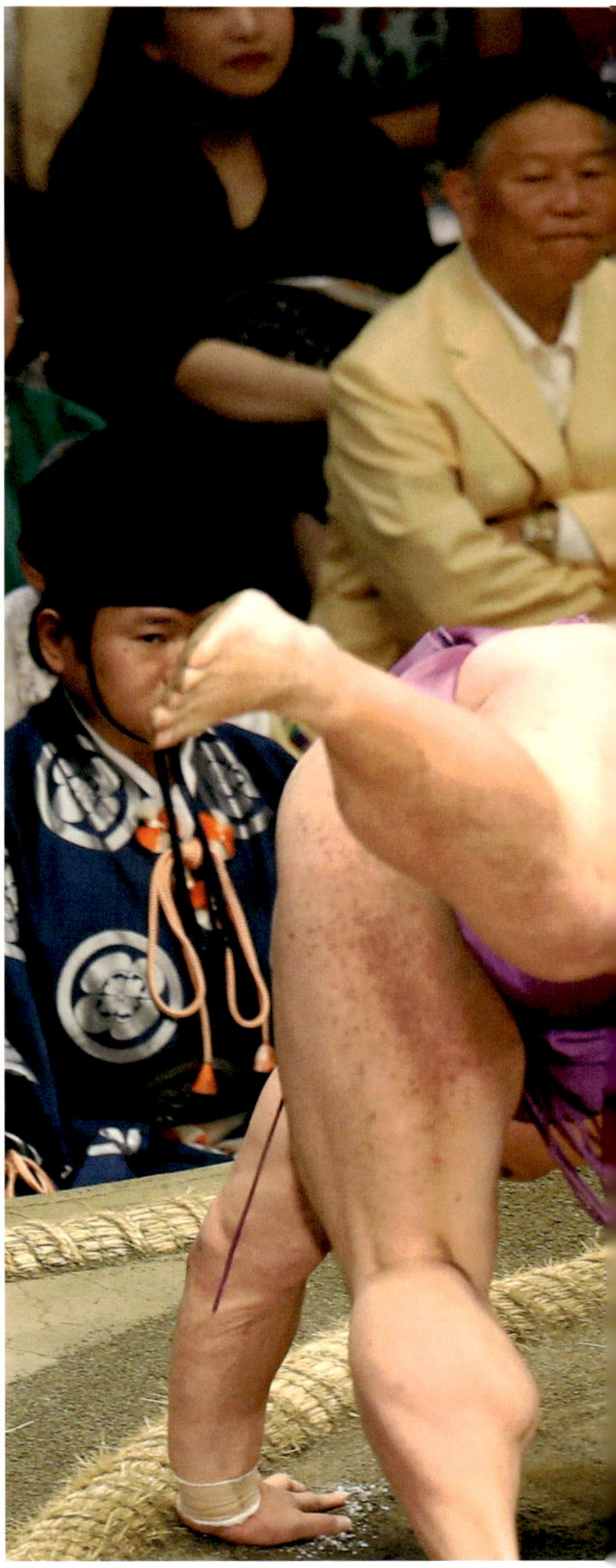

手を幻惑する脱力スタイルではなく、正攻法で当たり勝つ相撲が多くなったのは、力をつけてきた証拠か。

自身幕内最多の6連勝を懸けた7日目の相手は、過去（幕内）2戦2敗で東15枚目の千代翔馬。「ここからさらに乗っていけるように、中盤戦もいつも通りに集中していく」。静かに闘志を燃やす。

嘉風をはたき込みで破り、自身幕内最多タイの５連勝を決めた竜電（右）

竜電5連勝 自己最多タイ

大相撲秋場所6日目は14日、東京・両国国技館で行われ、郷土力士で東前頭13枚目の竜電（甲府市出身、高田川部屋）は、西15枚目の嘉風をはたき込みで破り、自身幕内最多タイの5連勝した。

初日から5連勝と波に乗るベテランとの対戦は、立ち合いで頭から当たり合った。竜電は踏み込みが良く、嘉風との突き押しの応酬で一歩も引かず、嘉風が出ようとするところをタイミングよくはたき込んだ。

竜電の幕内5連勝は、新入幕の初場所（1月）の10～14日目、春場所（3月）の11日目～千秋楽に続いて3度目。最多連勝は十両時代の2016年九州場所（11月）7～13日目の7連勝。

竜電は15日、幕内最多連勝を懸けて東15枚目の千代翔馬と対戦する。

流れの中で冷静な取り口

九月場所七日目

【大相撲秋場所】千代翔馬を寄り切りで破り、6連勝の竜電（右）

平成三十（二〇一八）年九月十五日
竜電 ●よりきり○ 千代翔馬
六勝一敗　西前頭十五枚目

好調さを物語る、落ち着いた取組だった。竜電は過去（幕内）2戦2敗とあいくちが悪い千代翔馬に動きで負けず、胸を合わせて寄り切り。自身の幕内での最長連勝を「6」に伸ばし、「じっくりと攻めて上手が取れて、流れもいい。ここまでは攻める相撲が取れている」と胸を張った。

立ち合いは千代翔馬のほうが良かった。押しが得意な相手との突き押しの応酬となったが、「動きがよく見えていた」。竜電はタイミングよく左を入れて右上手を引いた。何度か右上手から投げをうつ。左半身の千代翔馬もしぶとく粘ってきたが、じれずに攻めて左から体を起こした。勝負を決するポイントを逃すことなく、すかさず前に出て寄り切った。

これまでは身長170センチ台の石浦、里山という動きの速い小兵に手こずってきた。同じように動きのいい千代翔馬に対し、相手のペースに合わせることなく、慌てずに動きの中で組み止めて前に出る冷静な取組を見せた。今回のようなスケールが大きい相撲を取れれば、おのずと白星は付いてくるはずだ。

これで初日の黒星以降、4日目の不戦勝を挟んで6連勝。「まだ半分以上残っているので、8日目もしっかりとした相撲を取りたい」。中日はここまで7戦全勝と絶好調の北勝富士とぶつかる。

存在感十分、にじむ充実感

九月場所八日目

【大相撲秋場所】北勝富士を寄り切りで破り、7連勝した竜電（奥）

平成三十（二〇一八）年九月十六日
竜電 ●よりきり○ 北勝富士
七勝一敗　東前頭九枚目

竜電は平幕唯一の勝ちっ放しだった北勝富士を寄り切って7連勝。2場所連続の勝ち越しに王手をかけた。

「前に出る気持ちがあったから、2本差せた」。立ち合いの当たりで先手を取り連勝街道をひた走ってきた相手に、ひるむことなく前へ。北勝富士が突き放そうとしても左を差して組み止め、得意のもろ差しに持ち込んだ。攻め手を休めることなく、幕内での自己最長連勝を7に伸ばした。

6日目も無敗だった嘉風に勝利。難敵を退け、〝全勝ストッパー〟として存在感を発揮する。北勝富士や2日目の隆の勝という苦手な押し相撲得意の相手に一歩も引けを取らず、攻め勝っている。「(全勝の北勝富士相手でも)そういうことは関係なく、いい相撲を取れたことがうれしい」と充実感がにじむ。

中日を終えて7勝1敗は、新入幕後では10勝5敗で敢闘賞を受賞した初場所の5勝3敗を上回る成績。過去4場所は中日までに必ず連敗を喫していたが今場所は初日の黒星だけで、自身最高ペースで白星を積み上げている。

平幕トップに並び、9日目は勝ち越しを懸けて松鳳山と対戦。「場所はまだ1週間あるので、体調をしっかり整えて頑張っていく」。目の前の一番に全身全霊を傾ける。

【大相撲秋場所】小手投げで松鳳山を破る竜電（右）

先輩砕き平幕勝ち越し１号

自己最速８連勝

九月場所九日目

平成三十（二〇一八）年九月十七日
竜電 八勝一敗 ●こてなげ○ 松鳳山 東前頭七枚目

竜電は、しなやかで、どっしりとした取り口で自身最速の勝ち越し。「しっかり我慢ができたし、よく攻めることができた」。言葉や引き締まった表情から好調ぶりが伝わってくる。

立ち合いは右から張った元小結・松鳳山がやや優勢だった。まわしを取りに来る手を竜電が左腕で押しのけると、突き押しの攻防へ。松鳳山が再度もろ差しを狙ったところを、竜電が右からタイミングよい小手投げを放って、勝負を決めた。

新入幕時から対戦を望んでいた同期生対決。しかも三役経験５場所の一門の「先輩」に完勝し、自身最長８連勝で平幕勝ち越し第１号となった。

「攻める気持ちを持って、上体を起こさないようにすることを意識できている」と竜電。連勝記録を更新した、今場所の相撲への手応えを口にする。

竜電の師匠、高田川親方（元関脇安芸乃島）は「前半はよかった」とここまでの取組に〝及第点〟を与えた。「動きが止まらなくなってきた。もっとスピードを生かして、相撲を取り続けることだ」とさらなる進撃を期待した。

10日目は小兵の石浦戦。目標に掲げる２桁勝利を射程圏内にした竜電は「勝ち越したけど、まだまだこれからがある」。幕内自己最多の10勝超えだけでは満足しそうにない。

竜電9勝
戻った鋭い攻め、琴奨菊破る
九月場所十三日目

【大相撲秋場所】竜電（左）は琴奨菊を寄り切りで下し、9勝目をマーク

平成三十（二〇一八）年九月二十一日
竜電 ●よりきり○ 琴奨菊
九勝四敗　西前頭八枚目

前に、前に。竜電が向かっていく気持ちを前面に出した取り口で、連敗を「3」で止めた。

ともに左四つが得意の相四つの対戦。竜電の勝因は、立ち合いに踏み込んですぐに右上手を取ったこと。まわしの位置も、引き付けが利きやすい浅い所だった。

竜電は左下手もがっちりつかみ、相手には右上手を許さない願ってもない形。琴奨菊の左下手投げにも動じず、前に寄り立てた。

「立ち合いでしっかり当たって攻める気持ちがあったので、それが良かった」。4日ぶりの白星に充実感を漂わせた。

7歳上の元大関は、力が衰えてきたとはいえ優勝経験のある実力者だ。竜電は、今場所8つの白星を続けた、連勝中の攻めの鋭さが戻り、一門の先輩力士でもある琴奨菊を寄り切った。「最後の寄りは必死」と全身全霊でぶつかった。

挑戦心が見える攻めの相撲で、2桁勝利まであと一つの9勝目（4敗）。22日は先場所も14日目で対戦し、勝ち越しを決めた佐田の海戦。「あと2日なので、しっかり力を出し切りたい」と竜電。「いい相撲が取れるように頑張る」と力を込めた。

【大相撲秋場所】大翔丸を寄り切りで破り、10勝目を挙げた竜電（左）

竜電10勝 実りの秋

地歩固め、飛躍へ膨らむ期待

九月場所千秋楽

平成三十（二〇一八）年九月二十三日
竜電 十勝五敗
●よりきり○
大翔丸 西前頭九枚目

今場所前半戦の連勝中に見られた「攻め」の姿勢。それが凝縮された一番だった。「前に出られたのが良かった」と竜電。目標の2桁白星を千秋楽で達成し「最後にしっかり相撲が取れたので、来場所につながっていく」と11月の躍進を期待させた。

立ち合いで鋭く当たり、すぐさま左を差した。相手の体を起こすと休まずに一気に寄り切る。大翔丸に、何もさせなかった。

「しっかりした立ち合いと、攻めの速さ」。場所前の取材で竜電が語っていた、“理想型”でもぎとった白星だった。幕内の中位から上で戦える力士であることを証明した場所となったが、師匠の高田川親方（元関脇安芸乃島）はさらなる高みを求める。

「悪い（時の）相撲は大事に勝ちにいこうとして、動きが止まっていた。勝負に行っていない。気持ちの問題」と指摘。「自分の強いところと、弱いところをしっかり自覚しないといけない。技術の部分もまだまだ。精進していくしかない」と手厳しかった。

新入幕の初場所（1月）以来、4場所ぶりの2桁勝利。大きく勝ち越したことで、九州場所は番付が大幅に上がることが予想される。「けがをしないように、これからも稽古を一生懸命やるしかない。15日間を務め上げる体力をつけていきたい」。幕内自身初の3場所連続勝ち越しを目指す。

大相撲秋場所10勝5敗と躍進

竜電「地力付いた」

「10番勝てて良かったが、3連敗は気持ちの弱さが出た」と秋場所を振り返る竜電＝甲府市内

大相撲秋場所で10勝5敗と躍進した郷土力士の竜電（甲府市出身、高田川部屋）が24日帰郷し、取材に応じた。秋場所は「攻め」への強い意識を感じさせる取り口で2～9日目に自身最長の8連勝。一方で幕尻力士に連敗し「気持ちの弱さが出た」と課題も口にした。敢闘賞を受賞した新入幕の初場所（1月）以来の2桁勝利は「（自身の相撲を）知られている中での10勝。地力が付いてきている」と充実した表情で振り返った。

「素直にうれしい」。8カ月前の新入幕時と違い、秋場所は幕内5場所目。相手に取り口を研究されている中で、常に目標に掲げている「10勝」を達成した竜電の表情は晴れやかだった。

初日の貴ノ岩戦で敗れたが、2日目から白星を重ねた。8連勝は、十両時代の2016年九州場所（11月）7～13日目の7連勝を上回る自身最長。「前に攻める気持ちがいい方向に向いてくれた」と勝因を挙げ、連勝中も「淡々とできた」と目の前の一番に全力で向き合えたという。

番付上位へ　精神面成長誓う

ただ、8連勝の直後は精神面で課題も見えた。「勝ち越して、大事に勝とうと守りに入ってしまった」。東西の幕尻、16枚目の石浦、琴勇輝に連敗。「勝負する気持ちが薄れてしまった」と反省し「難しいが、気持ちが15日間で続けられるようにしたい」と精神面の成長を誓った。

今場所一番の取組に挙げたのが、3連敗を断ち切った、13日目の琴奨菊戦。正攻法で来る元大関相手に「全力で当たりに行って、いい相撲ができた。実力者に真正面から勝って、自信が付いた」。

10月10日には、県内で2年ぶりの大相撲巡業となる富士山山梨場所が甲府・アイメッセ山梨で開かれる。幕内力士として初の地元巡業に「稽古や取組を見てもらい、元気を与えられれば」と話す。

今場所、前頭上位勢で大きく負け越した力士が多かったことから、竜電は3枚目付近で九州場所を迎えることが予想される。新番付は10月29日に発表。三役以上とぶつかることが想定され「どれだけ力が通用するか、実力を出し切り、勝ち越し以上を目指して頑張りたい」。注目の九州場所は11月11日、福岡国際センターで始まる。

竜電　秋場所の戦績

初　日	●貴ノ岩	よりたおし
2日目	○隆の勝	おしだし
3日目	○隠岐の海	よりきり
4日目	□旭大星	不戦勝
5日目	○錦　木	よりきり
6日目	○嘉　風	はたきこみ
7日目	○千代翔馬	よりきり
8日目	○北勝富士	よりきり
9日目	○松鳳山	こてなげ
10日目	●石　浦	よりたおし
11日目	●琴勇輝	おしだし
12日目	●大栄翔	つきおとし
13日目	○琴奨菊	よりきり
14日目	●佐田の海	よりきり
千秋楽	○大翔丸	よりきり

秋場所10勝 市長を表敬
竜電関「三役以上めざす」

甲府市出身の力士で、甲府大使を務めている東前頭13枚目の竜電関が9月26日、同市役所を訪れ、樋口雄一市長を表敬訪問した。

竜電関は大相撲秋場所で自身最長の8連勝を達成し、10勝5敗と勝ち越した。樋口市長は竜電関に花束を渡した後、「大きく甲府のイメージアップに貢献してもらっている。九州場所でもさらなる躍進を期待したい」と激励。竜電関は「目標の2桁勝利を達成できたのも、皆さんの応援のおかげ。基礎を怠らず稽古をしっかりして、三役以上を目指して頑張っていく」とあいさつした。

10月10日には、甲府・アイメッセ山梨で開かれる「大相撲富士山山梨場所」に参加する。竜電関は子どもたちに向けて「けがをした後も我慢して続けてきたことが報われ始めている。諦めずに頑張る姿を見てもらいたい」と話した。

樋口雄一市長から花束を受け取る竜電関（左）＝甲府市役所（2018年9月26日）

大相撲、竜電に大きな声
「富士山場所」迫力の取組

大相撲巡業「富士山山梨場所」（同実行委員会、YSKe-com共催）が10月10日、甲府・アイメッセ山梨で開かれ、多くの観客が迫力ある取組に見入った。郷土力士で東前頭13枚目の竜電（甲府市出身、高田川部屋）にとっては、幕内昇進後、初めてとなる山梨開催の巡業で、ひときわ大きな声援を浴びた。

県内で大相撲の巡業が開かれるのは2年ぶりで、約2500人が来場した。竜電のほか、鶴竜と稀勢の里の2横綱、豪栄道、栃ノ心の2大関も参加。郷土力士で三段目の樹龍（笛吹市出身）、勝武士（甲府市出身）もはつらつとした動きを見せた。

迫力ある取組で会場を沸かせた竜電（左）＝甲府・アイメッセ山梨（2018年10月10日）

秋場所で10勝5敗と勝ち越し、九州場所は幕内上位での戦いが予想される竜電は、人気力士の遠藤と対戦。来場者が「竜電」と書かれた紙を一斉に掲げて大声援を送る中、寄り切りで勝利した。

取組前には、竜電が来場者を出迎え、握手や記念撮影、サインにも応じていた。稽古の様子も公開され、竜電は鶴竜の胸を借り、激しくぶつかっていた。

入幕後初の〝凱旋〟巡業となった竜電は「関取として初めての地元。声を掛けられることも多くなって、うれしい」と話した。来月行われる九州場所に向け、「勝ち越し以上をしたい」と力を込めた。

相撲好きだという甲州市の小林彪杏ちゃん（6）は「大きくて、かっこよかった」と笑顔。初めて相撲観戦をした都留市中央1丁目の亀田恵美子さん（71）は「大関、横綱になれるように頑張ってほしい。応援で後押ししたい」と竜電にエールを送った。

平成三十（二〇一八）年 名古屋場所

竜電　巻き返し狙う

幕内4場所目へ意気込み

名古屋場所に向けて稽古する竜電（左）＝東京・高田川部屋

郷土力士で西前頭15枚目の竜電（甲府市出身、高田川部屋）が、大相撲名古屋場所（7月8日初日）で巻き返しを期す。6月4日に稽古を再開してから、前に圧力を掛ける従来の攻めの相撲に磨きをかけてきた。「10勝以上勝ちたい気持ちが強い」。並々ならぬ闘志で幕内4場所目を迎える。

6月19日、高田川部屋。竜電は弟弟子の輝に7勝7敗の五分で、出稽古に来ていた豪風（尾車部屋）には6勝2敗と勝ち越した。

夏場所では立ち合いに迷いが感じられたが、「いつも通りにできている」と不安はなさそう。立ち合いで鋭くぶつかってからも立ち止まることなく前に出るようになってきており、高田川親方も「だいぶ良くなった。そういう相撲が取れたら上に行ける」とうなずいた。

夏場所は3勝12敗に終わり、「動けていなかったから勝てなかった」と振り返る。その反省から、稽古では「動き続けること」と「前に出ること」に、重点的に取り組んでいる。

夏場所は「二の矢」が放てない取り口も目立ったが、稽古では立ち合いでぶつかってからの突き押しも見られようになった。「流れを良くするためにやっていこうと思った」と自らの工夫も取り入れる。

6月29日の二所ノ関一門による連合稽古（名古屋市緑区の鳴戸部屋）では、7場所連続休場中の横綱稀勢の里に4勝5敗とほぼ五分の〝戦績〟。横綱の左差しを封じたり、逆に得意のもろ差しを決めたりして、好調ぶりを示した。

新入幕となった初場所の東前頭16枚目と、ほぼ同番付からの仕切り直し。引き締まった表情で「何とか残った。攻める相撲で10勝以上勝つ」と幕内4場所目を見据える。

名古屋場所
西前頭三枚目

「負けた分　勝ちたい」

「負けた分くらい勝ちたい」と来場所を見据える竜電＝甲府市内

大相撲夏場所を3勝12敗で負け越した郷土力士で東前頭7枚目の竜電が帰郷し、5月29日、取材に応じた。受けに回った守勢の相撲が続き、「立ち合いで思い切りがなく、流れが悪かった」と感想。来場所に向けて「負けた分くらい勝ちたい」と〝仕切り直し〟を誓った。

【大相撲名古屋場所】明生を浴びせ倒しで破り、初白星を挙げた竜電（上）＝ドルフィンズアリーナ

七月場所二日目

平成三十（二〇一八）年七月九日

竜電 ●あびせたおし○ 明生

一勝一敗　西前頭十六枚目

土俵際 相手の隙突く

動き続けることと、前に出ること。この二つを場所前の稽古で体に染みこませてきた。その成果だろう。竜電が手を休めない。新入幕明生の挑戦をはねのけ、勝ち名乗りを受けた。

立ち合いの当たりは、十分とは言えない。土俵際まで押し込まれた。先場所なら、このまま屈したかもしれない。「負けてもいいから力を出し切ろうと思った」

そこからの、左の上手が速かった。すかさず上手投げ。呼び込む格好となったが、明生の腰が入る。その隙を逃さず、自らの体を預けるようにのしかかった。

2日目の白星は、十両時代の2017年秋場所以来5場所ぶり。「とりあえず勝てたので良かった」。生真面目な男だけに、負けが込めば自身の相撲に迷いが生じてくる。〝背水〟の今場所は勝ち星こそ、良薬になる。

3日目を見れば、5場所連続で黒星がつく。相手は夏場所の千秋楽で互いに幕内残留を懸けて戦った大奄美だ。

「しっかり稽古して、一番、一番、頑張ります」。幕内と十両の〝天地〟を分けた竜電らしい攻撃相撲を貫けるか。

【大相撲名古屋場所】大奄美を寄り切り、2勝目を挙げた竜電（右）

七月場所三日目

平成三十（二〇一八）年七月十日
竜電 ●よりきり○ 大奄美
二勝一敗　東十両二枚目

休まず攻め　充実感漂う

内容の伴う、会心の勝利。花道を引き揚げる竜電に、充実感が漂ってきた。

立ち合いは押されたが、回り込みながら右の前まわしをつかみ、左上手を取った。両手で右腕を抱えられても動じない。頭をつけた低い体勢で前に出て、西土俵に寄り切った。

大奄美とは、先場所の千秋楽で幕内残留を争った因縁がある。通算成績は1勝6敗と分が悪く、苦手意識を持つ相手でもあったが、幕内力士として力の差を見せつけた格好だ。

この2日間とも、立ち合いで後手に回っても、そこから手を休めずに戦えているのが勝ち星につながっている。竜電自身も「我慢できた。力を出せたと思う」とうなずいた。

「しっかり一日一番、集中してやっていきたい。まあ、まだまだこれから」。勢いづきそうな勝利にも、自ら手綱を締め直す。

苦手の序盤戦で躍進

七月場所四日目

【大相撲名古屋場所】寄り切りで朝乃山を破り３勝目を挙げた竜電（左）

平成三十（二〇一八）年七月十一日

竜電 ●よりきり○ 朝乃山

三勝一敗　西前頭十三枚目

竜電の鋭い攻めが、３連勝中と好調の朝乃山の足を止めた。

立ち合いは低くぶつかり、踏み込ませなかった。強引に右をねじ込んできても、左の前まわしを引いて寄せ付けない。左からの出し投げで西土俵に追い込むと、そのまま腰を落として寄り切った。

「前まわしを取れたのはたまたま。相手が強かったので」。竜電はこう謙遜したが、３日目も前まわしを取ってから攻勢を強める相撲で、あいくちの悪い大奄美を相手にしなかった。

新入幕から３場所連続で３連敗していた２〜４日目に３連勝。竜電らしい攻撃相撲から、理想の決まり手に持ち込む。苦手な序盤戦に勝ち星を重ねている。

「もっと前に出られるように頑張る。３連勝は意識していない。一日一番、集中してけがをしないようにやっていきたい」。白星を重ね、口もなめらかだ。

迷い吹っ切れ後半戦へ

星五分でターン

七月場所八日目

平成三十（二〇一八）年七月十五日
竜電 ●よりきり○ 琴恵光
四勝四敗 東前頭十四枚目

【大相撲名古屋場所】琴恵光を寄り切りで破った竜電（右）

竜電が攻め続けた。攻撃相撲を取り戻しての勝ち星。鼻息荒く、勝ち名乗りを受けた。

立ち合いで右まわしをつかみ、前に出る。引き落としにも崩れそうになったが何とか持ちこたえると、まわしを引きつけ、腰を落として西土俵に寄り切った。

「立ち合いから攻める相撲が取れて良かった。（連敗を3で止めて）ほっとした」。星を五分に戻しての折り返し。安堵（あんど）感が広がったが、竜電の師匠、高田川親方（元関脇安芸乃島）は「立ち合いからの流れなど、すべてが全然駄目。稽古はやっているけれど動けていない」と手厳しい。

十両陥落の危機も秘める戦績。ここまで力負けの取り口が目に付くだけに、親方は「スピードを生かした速い相撲が持ち味なのに、力相撲になってしまっている。自分の相撲を見失っている」と指摘。「目の前の勝ちを狙うか、持ち味を取り戻すことを優先するか。あとは本人の気持ち次第だ」と投げかける。

「後半戦はスピードを生かせるかが鍵になるか」との問いに、「その通り。頑張ります」と応じた。竜電に迷いはなさそうだ。

「らしさ」復活　白星先行

七月場所九日目

【大相撲名古屋場所】荒鷲を寄り切りで破った竜電（左）

平成三十（二〇一八）年七月十六日
竜電　●よりきり○　荒鷲
五勝四敗　西前頭十二枚目

竜電が今場所で一番の、会心の勝利をもぎとった。

立ち合いで低くぶつかった。そこからが速かった。得意の左を入れ、右からもおっつける。差し勝ちながらも主導権を奪われて敗れた先場所とは違う。技巧派の荒鷲に何もさせずに一気に寄り切った。

今場所の竜電が手にした五つの白星のうち、四つは寄り切り。白星だけ見れば得意の形ばかりで内容も充実しているが、「前へ出られたし、今日が（今場所で）一番良かった」とうなずく。

これまでの勝利と異なったのが、速攻だった。スピードを生かした速い相撲が持ち味だ、とする師匠の高田川親方（元関脇安芸乃島）。師匠は星を五分に戻した前日、目先の勝利か、「らしさ」を取り戻すかを投げかけたが、らしさを取り戻した取り口が目の前の勝ち星につながったとも言えるだろう。

竜電は「久々に気持ちいいが、まだ6日残っているので、しっかり取りたい」と手綱を締め直す。残り6番。まず一つ、白星が先行した。

【大相撲名古屋場所】寄り切りで千代丸を破った竜電（左）

七月場所十日目

平成三十（二〇一八）年七月十七日

竜電 ●よりきり○ 千代丸

六勝四敗　東前頭十枚目

快調に3連勝

中日から3連勝。竜電らしい、攻撃相撲が続いている。

立ち合いは千代丸の突きに押されたが、下からあてがい、左を入れた。「どんどん攻めていこうと思った」。右もおっつけが利いて下手を入れ、得意のもろ差しに。右の巻き返しにきたところを出て、そのまま寄り切った。

先場所のような、止まっている時間がなくなった。立ち合いで上回られても、崩されかけても、それで終わらない。

動き続け、前に出続ける―。場所前の稽古で汗を流した通り。前に出て攻勢に転じ、こだわりの寄り切りにつなげている。

10日目を終え、白星を二つ先行させて6勝4敗。2桁勝利して敢闘賞を受賞した新入幕の初場所と同じ星勘定だ。

11日目の阿武咲も突き押しが得意。「体が動いてきている。明日（11日目）からも攻める相撲を取っていきたい」。相手が誰であっても、竜電は自らの相撲を貫く。

耐えて価値ある白星

残留見えた

七月場所十三日目

平成三十（二〇一八）年七月二十日
竜電 ●ひきおとし○ 大栄翔
七勝六敗 西前頭七枚目

【大相撲名古屋場所】引き落としで大栄翔を破った竜電（左）

耐えて、粘った。勝利への執念で7勝目。竜電は幕内残留に前進する白星をつかんだ。

大栄翔との一番。鋭くぶつかった立ち合いはやり直しに。突き押しからのはたきに、前のめりになりながらも落ちなかった。相手の必死の寄りにも、右上手を取り、左足の徳俵で何とか踏みとどまる。土俵中央に戻して頭をつけ、最後は引き落とした。

「勝てたので良かったです」。勝ち越しへあと1番とする貴重な勝利に安堵（あんど）感が漂った。

弟弟子の白鷹山（はくようざん）が新十両の先場所で負け越し、東幕下筆頭で迎えた今場所は7戦全勝優勝。1場所で再十両を決めた。

仕切り直しの場所としたい竜電も、負けてはいられない。今場所は2日目から3連勝と3連敗を繰り返してきた。その〝法則〟にあらがい、連敗を2で止めて白星を一つ先行させた。

「あと2日。一日一番、集中してしっかりやる。しっかり攻める気持ちを持ってやっていく」。最後も3連勝で締めくくれるか。

【大相撲名古屋場所】寄り切りで佐田の海を破り、勝ち越した竜電（左）

七月場所十四日目

平成三十（二〇一八）年七月二十一日

竜電 八勝六敗　●よりきり○　佐田の海 東前頭十二枚目

攻めて勝ち越し

竜電は2場所ぶりの勝ち越しで、幕内残留を確実に。どこかほっとしたような表情で勝ち名乗りを受けた。

竜電が左を差し、右上手を取って左四つに。得意の形となって、逆に、佐田の海には上手は許さない。これで勝負あったか。

上手から投げを打ち、体勢を崩しながらも前に出る。相手が土俵際でこらえようと右腕を首に巻いてきても、振り払うように寄り切った。

「左四つの自分の形になって、攻める気持ちで前に出た。（先場所は3勝12敗に終わり）もうあんなに負けたくない。勝ち越しはやっぱりいいものだと実感したし、うれしい」。ともに勝ち越しを懸けた一番で、竜電らしく攻め続けて白星をつかんだ。

千秋楽は元関脇の宝富士と対戦する。先場所は「圧力」に屈した格好となったが、力相撲とならずに、今場所の白星を支えた攻撃相撲が見せられるか。

「あと1番あるので、気持ちを切らさずにしっかりとした相撲を取りたい」。9勝目を挙げて来場所につなげたいところだ。

名古屋場所 取り口振り返る
竜電 一進一退の戦い
速攻寄り切り、力負け…

大相撲名古屋場所で、郷土力士で西前頭15枚目の竜電（甲府市出身、高田川部屋）は8勝7敗で2場所ぶりに勝ち越し、幕内残留も決めた。今場所は「3連勝」と「3連敗」を繰り返して一進一退の戦いとなった。攻撃相撲で白星を積み重ねた一方、力負けして黒星を喫した取り組みも。ばらつきがあった場所となり、〝仕切り直し〟とはいかなかった。

3勝12敗と大きく負け越し、新入幕となった初場所とほぼ同じ西15枚目で迎えた名古屋場所。「負けた分くらい勝ちたい」と臨んだが、初日でいきなりつまずいた。

2日目の明生戦、3日目の大奄美戦は立ち合いで後手に回っても、攻め手を休めなかったのが勝利につながった。4日目には、11勝4敗で敢闘賞を受賞した朝乃山に早々に土をつけた。

苦手の序盤戦に3連勝。前へ出ること、動き続けること。場所前の稽古で取り組んだ二つを白星につなげ、2桁勝利への期待は膨らんだ。

しかし、5日目は小兵の石浦に潜り込まれ、6日目は元関脇・隠岐の海の力に屈し、いずれも前に出る相撲が取れずに敗れた。7日目も栃煌山に力負けした。竜電も「当たってから止まってしまう癖があるので、止まらない相撲を取っていきたい」と自覚する。

「一番良かった」と自賛したのが、9日目の荒鷲戦。立ち合いで低くぶつかり、左を入れ、右からもおっつけた。竜電らしい速攻で、技巧派の荒鷲を一気に寄り切った。10日目の千代丸戦も会心の勝利。前に出て攻勢を強め、得意の寄り切りにつなげた。

ただ、やはり連勝は「3」から伸びなかった。体が動けている竜電への警戒心からか。突き押しからの「引き」や立ち合いの「変化」が見られ、前にばたりと落ちた。

13日目の大栄翔戦、14日目の佐田の海戦で連勝し、何とか勝ち越した。ただ、千秋楽の宝富士戦では力負けし、8勝7敗で締めくくった。

竜電の師匠、高田川親方（元関脇安芸乃島）は「もっと低く当たって中に入って動く相撲を磨かないと。幕尻だから普通にやれば勝てるけれど、上を目指すならもっと厳しい相撲を取らないと駄目。あとは本人が言われていることを理解してどう実践するかだ」と指摘している。

幕内5場所目となる来場所は、少し番付を上げて迎えそうだ。

竜電　名古屋場所の戦績

初　日	●北勝富士	おしだし
2日目	○明　生	あびせたおし
3日目	○大奄美	よりきり
4日目	○朝乃山	よりきり
5日目	●石　浦	したてなげ
6日目	●隠岐の海	よりきり
7日目	●栃煌山	よりきり
8日目	○琴恵光	よりきり
9日目	○荒　鷲	よりきり
10日目	○千代丸	よりきり
11日目	●阿武咲	ひきおとし
12日目	●碧　山	はたきこみ
13日目	○大栄翔	ひきおとし
14日目	○佐田の海	よりきり
千秋楽	●宝富士	よりきり

大相撲名古屋場所13日目、引き落としで大栄翔を破った竜電（左）
＝ドルフィンズアリーナ

平成三十（二〇一八）年 夏場所

竜電 三役への足場固め

「前へ」に磨き 2桁照準

夏場所 東前頭七枚目

郷土力士で東前頭7枚目の竜電（甲府市出身、高田川部屋）が、13日に初日を迎える大相撲夏場所（両国国技館）で幕内3場所連続勝ち越しを狙う。猛稽古を積んで前に出る攻撃相撲に磨きをかけつつ、立ち合いの構えの修正にも取り組む。「いい稽古ができている。ただ勝つのではなく、心に残る相撲を取っていきたい」。5年ぶりの部屋頭が、集中力を高めている。

4日、高田川部屋。「それじゃ上には上がれないよ」「それができなきゃ上には勝てないよ」。竜電の立ち合いに鋭い視線を送る高田川親方からげきが飛ぶ。弟弟子で西前頭8枚目の輝、新十両の白鷹山と交互に激しくぶつかり合い、部屋を活気づかせていた。輝にはほぼ五分の7勝8敗。白鷹山には10勝4敗と大きく勝ち越した。低く鋭い踏み込みから、相手の上体を起こす。左を差す、右上手を取る、胸を合わせての寄り…。先に仕掛ける攻めの姿勢が目立った。

一方、これまでの肩周りを揺らして力を抜く仕切りを修正する可能性がでてきた。一部から手をついていないという指摘があり、その改善に取り組んでいる。

脱力する動作は維持しつつ、手をつくタイミングには好感触を得ている様子。「稽古でしっかり体になじませていきたい」と語った。

自己最高位で迎える夏場所。部屋頭として臨むが「あまり意識していない」と平常心を強調。成績次第では三役との取組も予想されるが「自分の相撲をとるだけ」といい、「力を出し切って、いい相撲を取りたい」と見据える。

今年の目標に掲げたのは「三役昇進」。「まだ気が早い」と苦笑いしつつも、3場所連続勝ち越しを決めて道を切り開きたい。「自分の持ち味である、前に出る相撲で2桁以上勝ちたい。ただ勝つのではなく、心に残る相撲、見ていた人を喜ばせる相撲を取っていきたい」。竜電らしさが詰まった15日間にするつもりだ。

幕内で３場所連続の勝ち越しに向けて稽古に汗を流す竜電＝東京・高田川部屋

竜電がＶＦへエール

幕内で２場所連続勝ち越した郷土力士の竜電が４月28日、山梨中銀スタジアムを訪れ、ＶＦ甲府－千葉を観戦した。

試合前にはピッチ上へ。「同じプロとして学べることがあると思って来た。ともに勝てるように頑張りましょう」とあいさつ＝写真＝すると、竜電コールが起きた。写真撮影会では長蛇の列ができ、キックオフ直前にはキックインも行った。

一方、印鑑の製造・販売をしている宗家日本印相協会は同日、竜電に青田石製の印鑑を贈呈。てん書で「竜電剛至」「竜電」と手彫りされており、竜電は「これから絶対に使うもので、ありがたい」と話した。

「挑戦者」巻き返しへ初日

五月場所五日目

【大相撲夏場所】千代丸（左）を寄り切りで破り、初白星を挙げた竜電＝両国国技館

平成三十（二〇一八）年五月十七日
竜電 ●よりきり○ 千代丸
一勝四敗　西前頭七枚目

竜電は5日目にして待望の初白星を挙げた。渾身（こんしん）の寄りから長く息を吐き、勝利の味をかみしめた。

幕内200回出場の節目を飾りたい千代丸。竜電にすれば、6年前に幕下優勝して新十両を決めた因縁の相手。その千代丸の激しい突き押しには下からあてがってしのぎ、前に出てつかまえた。左を差されても構わない。中に入ってからが速かった。

左上手を取った瞬間だ。「体が勝手に動いてくれた」。左から上手出し投げを打って体を入れ替え、一気に東土俵際へ。俵で粘る千代丸を力強く外へ出した。得意の左四つとは逆の形だったが、つかまえたことが勝因だ。

実力者たちと相まみえる今場所を前に、自らの姿勢をこう説いた。「自分は挑戦者。守るのではなく、攻める気持ちでやっていきたい」。4日目まで白星はなくとも、自身の決意とも受け取れる言葉を相撲で体現してきた。

「落ち着いて」「切り替えて」「今日みたいに攻める相撲」「まだまだこれから」。一日一日をこう振り返りながら、連敗中も前を向いてきた。そして5日目。攻撃相撲を貫き、初白星という形で実を結んだ。

「一つ勝ったので、また明日からしっかり集中していくだけ」。勝ち名乗りを受けても、表情は引き締まったままだった。「（星勘定は）気にしていない。まだまだ、これからです」。巻き返しへの〝初日〟が出た。

迷い断ち終盤へ集中

五月場所十日目

必死、二勝

勝ち名乗りを受けた竜電の表情は勇ましく、迷いが吹っ切れたようだった。

3度の突っかけに竜電は首をかしげたが、北勝富士は脳しんとうだったか。4度目の立ち合い。竜電はぶつかった後、北勝富士のはたきに一瞬ひるむも、つんのめりながら必死についていった。突き放しから、タイミングよく左からはたき落とした。

【大相撲夏場所】北勝富士をはたき込みで下した竜電（奥）

平成三十（二〇一八）年五月二十二日
竜電 ●はたきこみ○ 北勝富士
二勝八敗　西前頭九枚目

「集中できた。立ち合いも自然と当たれた」。攻めの姿勢を取り戻しての白星に、口もなめらかだ。

相撲に力強さがない—。くしくも、場所前に自身を分析した言葉通りの取り口で黒星を重ねてきた。

「弱いところが出ると、あっけなくやられちゃう」とも言っていたが、崖っぷちから5連勝して勝ち越した先場所を思い出してほしい。攻める気持ちが、押し込まれた体を支えていた。

今場所の初白星を飾った5日目も、2勝目を挙げたこの日もそうだ。攻撃相撲を貫けば、しっかりと星はついてきている。

11日目は、ようやく初日が出た豊山と対戦する。「負け越しても、ずるずるといかないように、気持ちを引き締めて精いっぱい頑張る」

【大相撲夏場所】寄り倒しで大奄美を破って３勝目を挙げた竜電（右）

幕内残った 大一番で真骨頂

五月場所千秋楽

平成三十（二〇一八）年五月二十七日
竜電 ●よりたおし○ 大奄美
三勝十二敗　東前頭十一枚目

今にも崩れそうになりながら、竜電が勝利への執念を身に託すように大奄美を寄り倒す。これが不屈の力士の真骨頂か。互いに勝てば幕内残留を確実にする大一番を制した。

竜電にとって、あいくちの悪い力士は少なくないという。中でも「やりづらい」として名を挙げたのが、十両時代から6連敗中の大奄美だった。

立ち合いで低くぶつかり、いなしにも落ちない。左を差し、右上手を取る。今場所で最も竜電らしい形になると、大奄美の左下手投げにも懸命にこらえる。右上手から引きつけてついていき、寄り倒した。

「勝ち負けも大事だが、しっかり相撲を取って見てくださる方を喜ばせる相撲を取っていきたい」。場所前の言葉は千秋楽で体現された。気迫の宿った取り口はファンの胸を打ったに違いない。

竜電の師匠、高田川親方（元関脇安芸乃島）は「負けが先行して迷いが出てしまった。こういう時もある。この経験を来場所以降につなげていけばいい」と背中を押す。

正面衝突の交通事故で負うほどの大けがを経験した男だ。6年前の九州場所で右股関節に重傷を負い、最長で9場所連続休場。序ノ口から4年かけ、幕内へと上り詰めた。その大舞台を簡単には手放せない。

来場所は大幅に番付を落とすことが予想される。「最後に自分の相撲が取れた。勝てて良かった。しっかり稽古を積んで、また来場所頑張りたい」。どん底を知る竜電ならきっと、またはい上がってくる。

守勢の取り口目立ち12敗

竜電 楽日で〝らしさ〟

大相撲夏場所14日目、安美錦に渡し込みで敗れた竜電（奥）＝両国国技館

大相撲夏場所で、郷土力士で東前頭7枚目の竜電（甲府市出身、高田川部屋）は3勝12敗で幕内残留を確実にした。今場所は9日目にして負け越しが決定。幕内の水に慣れてきたのが災いしたのか、受けに回って守勢の相撲が目立った。互いに負ければ十両陥落の大一番となった千秋楽で竜電らしい攻撃相撲を取り戻し、来場所につながる一勝を挙げたのは収穫だった。

2場所連続勝ち越し、自己最高位の東7枚目で部屋頭として夏場所を迎えた。相撲を覚えられたのも、勝ち星が伸び悩んだ一つだろう。立ち合いで鋭く踏み込んでも、そこから「二の矢」が放てない相撲も続いた。

代表的なのは2日目の千代翔馬戦、9日目の隠岐の海戦だ。千代翔馬には得意の左四つになってから攻め切れず、隠岐の海にも左を差してから右手が遊び、攻めの一手が出なかった。

物言いがついた3日目と4日目は紙一重の取組だっただけに勝ちたかった。一度は軍配が上がった3日目の勢戦は得意の左を差して西土俵に攻め込んだが、土俵際で右小手投げを打たれた。4日目は嘉風に「勇み足」で勝ったようにも見えたが、取り直しでベテランのうまさにやられた。

悔しさ糧 再起期す

相手の間合いに、竜電が待たされる立ち合いも散見された。顕著だったのが琴奨菊（7日目）と荒鷲（13日目）との2番。立ち合いから「圧力」を奪われ、攻勢を掛けられなかった。

三つの白星は、いずれも4連敗してからだった。5日目は千代丸に渾身（こんしん）の寄り切り。10日目は北勝富士に3度の突っかけから4度目の立ち合いではたき込み。千秋楽の大奄美戦は2度も崩れそうになりながら寄り倒した。共通していたのは、前に出る竜電らしさだった。

竜電の師匠、高田川親方（元関脇安芸乃島）は「状態は悪くはなかった」と振り返り、「相撲人生は今場所で終わりではないし、まだ始まったばかり。土俵で迷わないように、もっともっと稽古をすればいい」と指摘した。

来場所は番付を下げ、幕尻近くが予想される。目標の2桁勝利へ「しっかり稽古を積む」と竜電。悔しさをかみ締め、もう一度立ち上がる。

竜電　夏場所の戦績

初　日	●宝富士	よりきり
2日目	●千代翔馬	したてなげ
3日目	●　勢	こてなげ
4日目	●嘉　風	よりきり
5日目	○千代丸	よりきり
6日目	●大翔丸	はたきこみ
7日目	●琴奨菊	よりきり
8日目	●正　代	かたすかし
9日目	●隠岐の海	うわてなげ
10日目	○北勝富士	はたきこみ
11日目	●豊　山	よりたおし
12日目	●佐田の海	よりたおし
13日目	●荒　鷲	よりきり
14日目	●安美錦	わたしこみ
千秋楽	○大奄美	よりたおし

平成三十（二〇一八）年　春場所

猛稽古で足腰安定
春場所へ着々強化

春場所 西前頭九枚目

稽古に汗を流す竜電。２場所連続の２桁勝利に向けて精力的に体を動かす＝東京・高田川部屋

甲府市出身で東前頭16枚目の竜電（高田川部屋）が大相撲春場所（3月11日初日、エディオンアリーナ大阪）での2桁勝利に向けて闘志を燃やしている。新入幕の初場所は10勝5敗で、敢闘賞を受賞。手応えをつかむ一方で、さらなる高みを目指して猛稽古に取り組んできた。体は締まって足腰が安定し、半身になる悪癖も直りつつある。「自分の相撲を取りきりたい」と気合を入れる。

19日の東京・高田川部屋。ぶつかり稽古で踏ん張ると、太ももの筋肉がぐっと盛り上がった。体重は149キロで変わらないが、体は以前よりも引き締まっている。

この日は弟弟子の輝に7勝7敗の五分、出稽古に来ていたベテランの豪風には6勝2敗と勝ち越した。弟弟子を担いでのスクワットなど筋力トレーニングを続けてきたことで、豪風のいなしにも落ちなかった。「押されても残れるようになったし、足腰が安定してきた」

自身初の2桁勝利を挙げた初場所は、敢闘賞受賞より技能賞の候補に挙がったことがうれしかった。「前に出る取り口が評価されているということ。自分の相撲を貫いていけばいい、という自信になった」と語る。

一方で、師匠の高田川親方（元関脇・安芸乃島）からは半身になりやすいことなどを指摘された。「まだぼちぼちという感じ。本場所までに直していければ」と語る。

初場所後は3日間帰郷。通行人から声を掛けられることが増え「1人では歩けなくなった」と苦笑する。あいさつ回りで忙しい毎日だったが、空き時間に友人と会うなどリフレッシュした。

24日に大阪入りして本場所に備える。来場所の番付は26日発表され、10枚目前後になりそう。上位力士との取組が増えることが予想される。研究される可能性も高いが、「どんなことをされても自分は自分」と意に介さない。来場所勝ち越せば、昨年の夏場所から6場所連続で勝ち越すことになる。「周りを気にせず自分の相撲を取り切ればいい結果は出る」。自信に満ちた表情で言い切った。

上位陣撃破へ気合

「未知の世界。自分の相撲を取り切るしかない」。竜電は郷土力士としては35年ぶりとなる前頭1桁に躍進（西前頭9枚目）。幕内上位力士との対戦が増えることが予想される春場所に向け、気合を入れている。

新入幕の初場所は10勝5敗で敢闘賞。4日目まで1勝3敗と黒星先行だったが、5日目で苦手とする小兵・石浦に勝ったことで「気持ちが吹っ切れた」。

以降は持ち味のスピードを生かして白星を重ねた。十両でできなかった2桁勝利を新入幕場所で達成し、「負けても十両だと思っていたので、幕内の方が気持ちが楽だったのかもしれない」と振り返る。

初場所後に甲府に帰郷したときには多くの人から声を掛けられ、地元での関心の高さも感じている。2月に入ってから稽古を再開。弟弟子で東前頭8枚目に上がった輝と互角に渡り合うなど心身ともに充実している。24日に大阪入りし、課題の立ち合い、半身になる癖の修正に取り組んでいる。

昨年の春場所で6勝9敗と負け越して以降は5場所連続で勝ち越し。春場所で8勝以上挙げれば、十両時代も含めて1年を通して勝ち越すことになる。「しっかり稽古して受けないように攻める相撲を取っていきたい。自分の力を出し切るだけ」。目標に掲げる2場所連続の2桁勝利に向け、気持ちに迷いはない。

節目の500番目も取り口不変

三月場所初日

【大相撲春場所】隠岐の海（右）を寄り切る竜電＝エディオンアリーナ大阪

平成三十（二〇一八）年三月十一日

竜電 一勝 ●よりきり○ 隠岐の海 東前頭九枚目

いつものスピード相撲ではなかった。それでも竜電は取り口を変えなかった。自分の形に持ち込んで寄る―。「自分は攻めるだけだと思っている」といつものように言い切った。

肩を揺らして力を抜く独特のルーティンから鋭く踏み込む。右をねじ込んだ後に左を差し込み、もろ差しに。十分な体勢だが、関脇を経験した隠岐の海の腰は重い。「力比べになるので、できればしたくない」と語っていた長い相撲になった。それでもまわしを最後まで離さなかった。

毎場所、「緊張する」という初日。先場所は新入幕ながら10勝を挙げ、敢闘賞を受賞する好成績を残しただけに、今場所はいつも以上に期待がかかっていたはずだ。それでも重圧を振り払うかのように前に出る。「攻められたので良かったと思っている」とうなずいた。

場所前に繰り返してきた言葉がある。「自分十分で相手と五分」。格上との取組で心掛けているといい、この日も先に十分な体勢になったことが白星につながった。師匠の高田川親方（元関脇安芸乃島）は「力はつけている。稽古場の動きができれば勝てる。先場所の成績で、やっていることが間違いないと分かったと思う」と太鼓判を押す。

2日目は大栄翔とぶつかる。先場所はもろ差しから一気に攻めて寄り切った。「攻め続けることを意識してやりたい。しっかり当たって、いい相撲を取っていきたい」。2場所連続の2桁勝利へ、幸先いいスタートを切った。

持ち味の速さ取り戻す

三月場所七日目

まわしをつかんだ瞬間に投げに入る。竜電は持ち味のスピード相撲を取り戻して連敗脱出。「連敗中は本当に長く感じたが、この白星で流れが変わってくれればいい」と胸をなで下ろした。

立ち合いで鋭く踏み込んでまわしを狙う。場所前に「どう戦ったらいいか分からない」と話していた小兵・石浦を相手にしても迷いは見られなかった。左を差し込むのが難しいとみるや右上手を取って、すぐさま体を左にずらしながらの出し投げで転がした。「とっさだった。体の反応が良かった」と振り返った。

場所前の稽古では調子が良く、5連敗中も3～5日目は足が前に出ていて内容は悪くなかった。この日は苦手の小兵相手だったが、考え過ぎず、立ち合いで低く当たって前に出るという原点に立ち返ったことが白星につながった。

中日は突き押し得意の北勝富士。今場所は2勝5敗と星が伸びていないが、先場所は前頭筆頭で戦っていた実力者だ。突き放してくる相手をこの日のように早く捕まえて対応したい。

再十両後、先場所までの8場所で勝率7割と相性がいい中盤戦でトンネルから抜け出した。「しっかりと集中し、落ち着いて相撲を取っていくだけ」。勝ち越しまで先は長いが、光は見えてきた。

平成三十（二〇一八）年三月十七日
竜電 ●うわてだしなげ○ 石浦
二勝五敗　東前頭十二枚目

【大相撲春場所】攻め込む竜電（左）。石浦を上手出し投げで下す

【大相撲春場所】北勝富士（左）を寄り切り３勝目を挙げた竜電

内容上昇 勝負の後半戦へ

三月場所八日目

平成三十（二〇一八）年三月十八日

竜電 三勝五敗 ●よりきり○ 北勝富士 西前頭六枚目

竜電は入幕後最長となる1分27秒5の大相撲を制して2連勝。「もっと早く攻められればいい」と語りながらも、内容が良かったのでは、と問われると「いやあ、まあ」と喜んだ。

スタミナ比べでは負けない。角界で1、2位の厳しさを誇る高田川部屋でも稽古量は随一。多いときには申し合いなどが1日100番以上に及ぶこともあり、激しい稽古で持久力を培ってきた。

立ち合いは頭から当たり、すぐに左を差し込む。右が入らないとみると、上手に切り替えて得意の左四つになった。頭を付けて下から攻め、最後は上手出し投げで相手の体勢を崩して寄り切った。

前半戦は3勝5敗。2～6日目に5連敗したものの、7日目は速攻、この日はじっくり相手を見ながら攻めるという対照的な取り口で連勝している。

師匠の高田川親方（元関脇安芸乃島）は「立ち合いで、つんのめってしまっている。もっと早く密着すればいい」と指摘。一方で「負けなきゃ強くなれない。いい勉強をしている」と話した。

9日目は8戦全勝で勝ち越しを決めている魁聖とぶつかる。先場所は投げの打ち合いを制していて、十両時代も含めて2戦2勝とあいくちはいい。

花道を引き揚げる姿に、5連敗中のような悲壮感はない。「また明日（19日）も頑張ります」。気を引き締めて勝負の後半戦に臨む。

【大相撲春場所】嘉風（左）を小手投げで破る竜電

冷静な判断 成長の跡

三月場所十一日目

平成三十（二〇一八）年三月二十一日

竜電 ●こてなげ○ 嘉風

四勝七敗　西前頭七枚目

後がない一番で何とか踏みとどまった。竜電はベテラン嘉風を下して4勝目。連敗を2で止めると、土俵下で大きく息を吐いた。

憧れの1人と語っていた36歳・嘉風との一番。突っ掛けて不成立となった後の2度目の立ち合いで頭から当たると、押し込んだ後のいなしに耐えた。もぐって足をつかみにきた嘉風の左脇に右手を入れ、後ろに下がりながら転がした。

今場所は前に突っ込みすぎて引き落とされたり、はたき込まれたりする取組が多かったが、この日はしっかりと踏みとどまった。勝ち星は思うように伸びてはいないが、冷静に相手の出方を見極め、ベテランの巧みな動きに対応した姿には成長の跡がうかがえる。

後がない状況は変わらない。それでも終盤戦（11日目から千秋楽）のスタートを白星で飾ったのは今後に向けて好材料だ。

12日目の相手は十両時代を含めて1勝1敗で、先場所は寄り倒されている蒼国来。「あと4日間しっかり相撲を取る。攻める相撲をしていきたい」。貫いた先に勝ち越しが見えてくる。

三月場所十二日目
竜電、不戦勝で5勝

竜電は蒼国来の休場により不戦勝で、5勝7敗とした。

残り2番 愚直に前へ

三月場所十三日目

平成三十(二〇一八)年三月二十三日

竜電 ●よりきり○ 英乃海

六勝七敗　西前頭十六枚目

【大相撲春場所】寄り切りで英乃海を破り6勝目を挙げた竜電(右)

立ち合いで踏み込んでもろ差しになり寄り切る。久々に万全の内容に竜電は「良かったです。しっかり当たっていこうと思った」とうなずいた。

左四つの竜電とはけんか四つ、右四つが得意の英乃海を下から攻めた。頭から当たってすぐに右、左と差して万全。相手の腰が重く一気には寄れなかったが、最後まで主導権を握らせずに寄り切った。

得意のもろ差しから寄り切るのは初日の隠岐の海戦以来。入幕2場所目の今場所は相手に研究され、なかなか得意の形に持ち込めず、星も伸びなかった。それでも疲れが出る終盤戦でいい内容の相撲を見せられたことは、勝ち越しに向けて好材料だ。

14日目は荒鷲とぶつかる。ここまで2勝11敗と元気がないが、東前頭2枚目の上位力士。右四つが得意で、この日同様に差し手争いで勝ち、場所前から語っている「自分十分」に持ち込みたい。

「(体は)大丈夫。集中して頑張る」。2～6日目の5連敗から持ち直し、残りは2番。勝ち越しを懸け、攻めきる。

竜電　驚異の二枚腰

三月場所十四日目

最後まで勝負を諦めない。竜電は驚異の粘り腰で7勝目。後がない7敗目からの4連勝で勝ち越しまであと1勝とした。

立ち合いで踏み込んで得意のもろ差しに持ち込むまでは13日目と同じだったが、荒鷲に両腕をきめられた。力が入らず一気に寄られる。徳俵の上を左に動いて2度のピンチを脱すると、差し手を返して形勢逆転。そのまま一気に寄り切った。

「土俵際は苦しかったが、力を全部出そうと思った。よく残れた。中に入って、残して攻めるという自分の相撲が取れた」と振り返った。

【大相撲春場所】荒鷲（左）の攻めに耐える竜電。寄り切って7勝目を挙げた

初日の隠岐の海、中日の北勝富士、そしてこの日と、今場所は長い相撲になっても勝ち切っている。朝稽古で培った下半身の強さとスタミナに加え、付け人の勝武士と一緒に昨秋から始めた筋力トレーニングで上半身を強化してきたことが粘りにつながっている。

千秋楽は朝乃山。先場所はけんか四つの相手に得意の右四つに持ち込まれて完敗したが、13、14日目のように、すぐにもろ差しに持ち込めれば勝機は見えてくる。

一時は黒星が四つ先行したが、星を五分に戻し、2場所連続の勝ち越しも見えてきた。勝てば初土俵から通算300勝にもなる。「千秋楽はいつも通りに力を出し切って、しっかりとした相撲を取りたい」。静かに闘志を燃やす。

平成三十(二〇一八)年三月二十四日

竜電　●よりきり○　荒鷲

七勝七敗　　東前頭二枚目

竜電　勝ち越し

三月場所千秋楽

大相撲春場所千秋楽で朝乃山（手前）を寄り切り、２場所連続の勝ち越しを決めた竜電

2場所連続　通算300勝

平成三十（二〇一八）年三月二十五日
竜電　●よりきり○　朝乃山
八勝七敗　西前頭十三枚目

大相撲春場所千秋楽は25日、エディオンアリーナ大阪で行われ、西前頭9枚目の竜電（甲府市出身、高田川部屋）は西前頭13枚目の朝乃山を寄り切り、8勝7敗で勝ち越した。10日目に7敗となり、後がなくなってからの5連勝で2場所連続の勝ち越しを決めた。この白星で初土俵（2006年春場所）から通算300勝となった。

郷土力士が新入幕から2場所連続で勝ち越すのは1971年九州場所の元関脇富士桜（甲府市出身）以来。

この日は先場所、一方的に寄り切られた朝乃山と対戦。相手得意の右四つとなったが、不利な体勢でも構わずに前に出続けた。逆転を狙った投げを土俵際でこらえると、最後は胸を合わせて寄り切った。

竜電は新入幕の初場所で2桁勝利を挙げ、番付を9枚目に上げて春場所に臨んだ。初日に隠岐の海に勝って白星スタートを切ったものの、2日目から5連敗。7日目に石浦、8日目に北勝富士に連勝したが、その後は2連敗で7敗目を喫して後がなくなった。終盤戦は5連勝（不戦勝含む）で盛り返した。

【大相撲春場所】朝乃山（奥）を寄り切り勝ち越した竜電

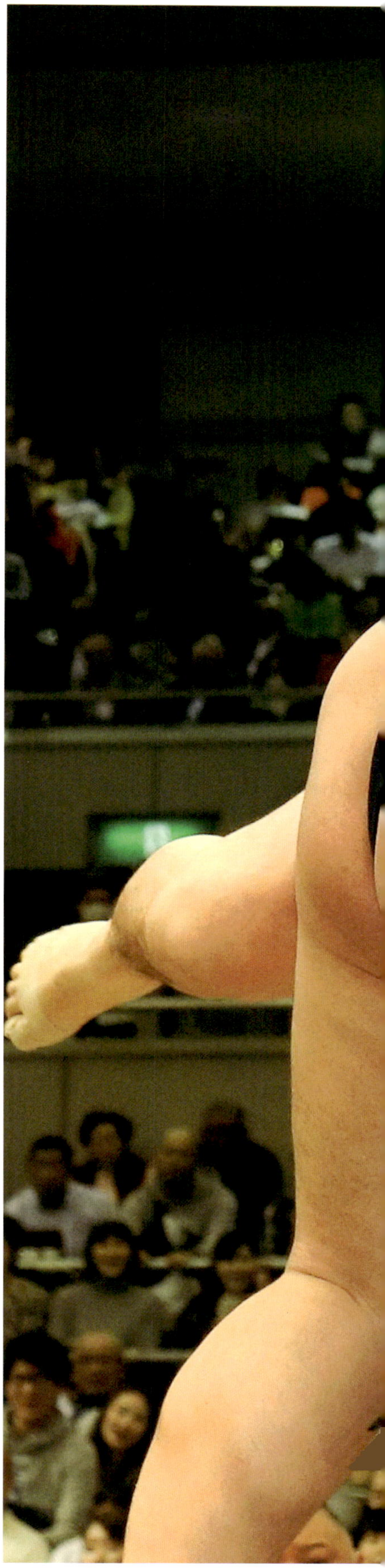

崖っぷちから5連勝

三月場所千秋楽

不利な体勢になっても、前に出続ける姿に会場は大きく沸いた。執念の勝利―。千秋楽の竜電にはそんな言葉がぴったりと当てはまる。

「正直、勝ち越せたのはうれしい」。支度部屋ではめったに感情を表に出さない男がこう表現するほど、勝ち越したことは大きかった。

苦しい場所だった。入幕から2場所目で番付が中位まで上がり、相手は初顔ばかり。初日はもろ差しに持ち込んで隠岐の海に勝ったものの、2～6日目は5連敗。幕内に定着している力士の力強さ、対応力に戸惑い、なかなか自分の形に持ち込ませてもらえなかった。

それでも豊富なスタミナで、前に出続けた。この日の朝乃山戦も、相手得意の右四つからの投げを土俵際でこらえて寄り切った。決して怠けず、愚直に日々の稽古を積んできたことが、今場所勝ち越せた要因になった。「出し切れた。精神的にも強くなったと思う」と自賛する。

「場所前の稽古内容からすれば2桁勝ってもおかしくなかった」。師匠の高田川親方（元関脇安芸乃島）からの厳しい言葉は今後の期待の表れでもある。「3勝7敗からずるずると負け越していたら力がつかないが、ここを乗り越えることで本当の力がつく」と指摘した。

初土俵から12年で通算300勝。昨年の夏場所から6場所連続の勝ち越しは、地力がついてきた証拠でもある。「まだまだ。しっかり稽古したい」。満足はしない。目指す場所はまだ先にある。

【大相撲春場所】朝乃山（左）を寄り切り勝ち越した竜電

竜電　耐えて粘り反攻

封じられた速さ　10秒内2番

郷土力士で西前頭9枚目の竜電（甲府市出身、高田川部屋）は、25日に千秋楽を迎えた大相撲春場所を8勝7敗とし、新入幕から2場所連続で勝ち越した。速攻から勝ち星を重ねた先場所から一転、春場所は10秒以内に勝負を決めたのが2番だけ。持ち味のスピード相撲を封じられながらも、相手の攻めに耐えて粘り、白星を積み上げた。

2桁勝利を挙げ、西9枚目に番付を上げて臨んだ春場所。取り口を研究され、得意のスピード相撲をなかなか出させてもらえなかった。3日目の千代の国戦は鋭い立ち合いを見せながらも引き落とされ、4日目の千代翔馬戦は前に出たところではたき込まれた。

白星を挙げた取組でも、10秒以内に勝負が決まったのは7番中（不戦勝の蒼国来戦除く）2番のみ。10番中7番だった先場所と比べると対照的な内容になった。勝負が決まった平均時間を見ても、初場所が12秒余りだったのに対し、春場所は26秒余りと倍以上長くなっている。

一方で、得意の形に持ち込めなくても、粘って勝ち星を挙げた。中日の北勝富士の一番は1分27秒5の大相撲。14日目の荒鷲戦は粘りに粘り、35秒9をかけて白星をもぎとった。千秋楽の朝乃山戦も、相手得意の右四つからの投げを土俵際でこらえて寄り切った。

「出し切れた。精神的に強くなった」。竜電自身が振り返るように土俵際で粘って逆転につなげる姿は、勝利への強い執念を感じさせた。初日、14日目、千秋楽の3番は、国技館の来場者らが印象に残った力士を選ぶ「敢闘精神あふれる力士」で3位に入り、目の肥えたファンの心もつかんでいる。

来場所は番付が上がり、今場所よりさらに相手のレベルが上がる。幕内に定着し経験豊富で対応力がある相手に対し、いかに素早く自分の形に持ち込めるかが鍵になる。師匠の高田川親方（元関脇安芸乃島）は「もっともっとスピードを磨き、下半身で動いてほしい」と注文を付ける。

今場所の8勝で節目の通算300勝を達成した。会心の勝利は少なかったかもしれないが、苦しみながらも勝ち越したことに大きな意味がある。「まだまだ。しっかり稽古したい」と竜電。さらに地力をつけて来場所に挑む。

春場所の戦績

初日	○	隠岐の海	よりきり	24秒4
2日目	●	大栄翔	おしだし	8秒3
3日目	●	千代の国	ひきおとし	1秒1
4日目	●	千代翔馬	はたきこみ	7秒1
5日目	●	栃煌山	はりまなげ	3秒1
6日目	●	豊山	そとがけ	14秒0
7日目	○	石浦	うわてだしなげ	2秒4
8日目	○	北勝富士	よりきり	1分27秒5
9日目	●	魁聖	よりきり	7秒9
10日目	●	阿炎	つきだし	3秒4
11日目	○	嘉風	こてなげ	3秒0
12日目	□	蒼国来	不戦勝	0000
13日目	○	英乃海	よりきり	15秒0
14日目	○	荒鷲	よりきり	35秒9
千秋楽	○	朝乃山	よりきり	20秒9

平成三十(二〇一八)年 初場所

番付表の名前を指さし笑顔を見せる竜電（右）。大けが後も稽古を欠かさず、最高峰の舞台にたどり着いた。左は高田川親方＝東京・高田川部屋（2017年12月26日）

竜電 新入幕

山梨出身30年ぶり

日本相撲協会は26日、大相撲初場所（来年1月14日初日・両国国技館）の新番付を発表し、甲府市出身の竜電（27）＝本名・渡辺裕樹、高田川部屋＝が新入幕を決め、東前頭16枚目となった。郷土力士の新入幕は30年ぶりで、平成では初めて。入門から12年、71場所目で悲願を達成した。東京・高田川部屋で会見した竜電は「来年は三役を目指して頑張りたい」と意気込んだ。

師匠の高田川親方（元関脇安芸乃島）とともに会見に臨んだ竜電は「正直にうれしい。頑張ってきたかいがあった」と声を弾ませた。同部屋では2人目となる幕内力士の誕生に、高田川親方は「けがをしても腐らずによく頑張った。これからが相撲人生の始まり。早く三役に上がって活躍してほしい」と激励した。

竜電は竜王中から高田川部屋に入門し、2006年春場所で初土俵。190センチ、149キロの恵まれた体格を生かした力強い寄りを武器に、平成生まれのホープとして期待され、番付を駆け上がった。12年九州場所で十両に昇進。しかし同場所の中日に股関節を骨折し、1場所で幕下に陥落した。

以降は2度にわたり同じ箇所を骨折。一時は番付を最下位の西序ノ口17枚目まで下げたが14年秋場所で完全復活。序ノ口、序二段、三段目と3場所連続で優勝し、16年九州場所で4年ぶりに十両に戻った。昭和以降3番目に低い地位からの返り咲きだった。再十両後の同場所で9勝6敗とすると、徐々に番付を上げ、西十両2枚目で迎えた九州場所を8勝7敗で勝ち越した。

関取経験者が序ノ口まで落ちた後に新入幕を果たしたのは、1992年九州場所の琴別府以来、史上2人目。戦後の県出身の幕内力士は88年春場所の大乃花（笛吹市出身）以来7人目となる。

新入幕で2桁勝利へ
初場所に向け猛稽古

初場所
東前頭十六枚目

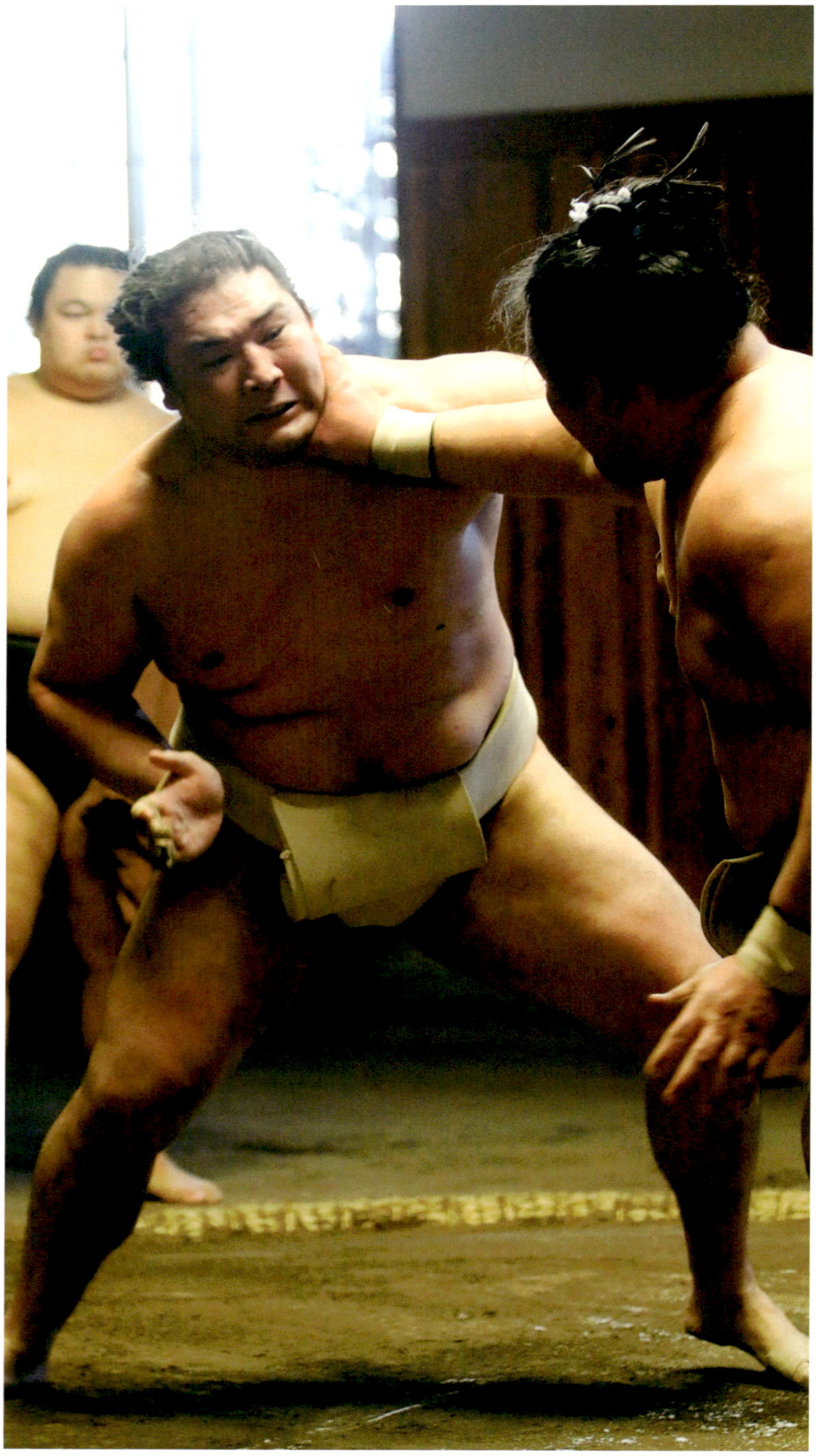

関脇玉鷲らを相手に順調な仕上がりを見せた竜電（左）＝東京・高田川部屋

郷土力士として30年ぶりの新入幕が決まった東前頭16枚目の竜電（甲府市出身、高田川部屋）が、大相撲初場所（14日初日、両国国技館）に向けて稽古に励んでいる。4日の東京・高田川部屋での稽古では関脇玉鷲、幕内の輝を素早い動きで圧倒。郷土力士では富士桜以来となる35年ぶりの勝ち越し、関取になってから自身初の2桁勝利に向け、順調な仕上がりを見せた。

低く立ち合ってもろ差しになる。土俵際に押し込まれても体を素早く動かし、相手の裏を取る。午前9時ごろから始まった取組形式の稽古。出稽古に来ていた玉鷲、弟弟子の輝を相手に持ち味を存分に出した。玉鷲には8勝5敗、輝には6勝3敗と勝ち越し、「強い人とやると燃える。低く立ち合えれば力が出る」と満足そうにうなずいた。

西十両2枚目で臨んだ昨年11月の九州場所は8勝7敗で勝ち越し。力強い寄りを見せる一方で、山口、大奄美ら苦手を相手に星を落とした。「苦手をつくらないことが大事。まだまだ勝負弱い」と反省する。

九州場所千秋楽に右脚を痛めたものの、巡業中に回復。12月上旬には取組を始めた。26日の番付発表以降は餅つきなど部屋の行事をこなしながらも休みなく体を動かし、年始は2日から始動。四股、すり足、柱を突っ張る「鉄砲」といった基本に加え、1日50番以上、取組形式の稽古をこなし、調整は順調に進んでいる。

師匠の高田川親方（元関脇安芸乃島）からは「力を抜くこと」と「スピード」を意識するよう指導を受けている。「今場所のテーマ。仕切りで力を入れなければしっかり立ち合える」と語る。

郷土力士の新入幕場所の戦績を見ると、勝ち越しているのは6人のうち、富士桜（甲府市出身）と甲斐錦（山梨市出身）の2人。富士桜は9勝を挙げて勢いに乗ると、翌場所で準優勝。敢闘賞にも輝いた。一方、郷土力士で唯一、優勝経験のある富士錦（甲府市出身）は負け越して十両に降格。発奮して1場所で返り咲き、その後の躍進につなげている。

晩年の富士桜が1983年秋場所で果たして以来となる勝ち越しを決めることができるのか。竜電は「勝ち越し、2桁勝利を目指すと、そこで終わってしまう。『2桁勝利以上』を狙っていく」と活躍を誓った。

幕内竜電 初日飾る

一月場所初日

平成三十(二〇一八)年一月十四日
竜電 ●うわてなげ○ 錦木
一勝　西前頭十五枚目

大相撲初場所初日は14日、東京・両国国技館で行われ、郷土力士として30年ぶりの新入幕を果たした東前頭16枚目の竜電（甲府市出身、高田川部屋）は西前頭15枚目の錦木を上手投げで下し、幕内初土俵を白星で飾った。郷土力士では1983年秋場所の富士桜（甲府市出身）以来、35年ぶりとなる勝ち越しに向け、好スタートを切った。

竜電は中入り後2番目の取組で錦木と対戦。2006年春場所初土俵の同期で、幕下、十両時代は負け越している相手に対し、持ち味の鋭い立ち合いで押し込むと、右上手を取って投げ飛ばした。

郷土力士が幕内で白星を挙げるのは1988年春場所12日目に大乃花（笛吹市出身）が貴ノ浜を肩すかしで破って以来。

竜王中出身の竜電は189センチの恵まれた体格を生かした力強い寄りを武器に、平成生まれのホープとして早くから期待された。12年の九州場所で十両に上がったが、右股関節を骨折して1場所で幕下に陥落。同じ箇所を計3度骨折し、最下位の序ノ口まで番付を落としたが、14年秋場所で完全復活すると、序ノ口、序二段、三段目と3場所連続で優勝。16年九州場所で十両に返り咲いた後は7場所中6場所で勝ち越し、幕内昇進を決めた。

初場所2日目は、十両で5連敗と苦手にしている東前頭17枚目の大奄美と当たる。目標に掲げる勝ち越しに向け、竜電は「自分から攻めることができた。緊張していたが、勝てて良かった。攻めの相撲でもっと番付を上げたい」と話した。

【大相撲初場所】錦木を上手投げで破り、幕内初土俵で白星を挙げた竜電＝両国国技館

「速攻」持ち味存分
竜電 豪快上手投げ
一月場所初日

勝ち名乗りを受けると、ふっと大きく息を吐いた。竜電は幕内力士として初の土俵で白星。「頑張ろうという燃える気持ちで、先手を取って攻めることができた」と満足そうにうなずいた。

持ち味の「鋭い立ち合い」と「速攻」を存分に発揮した。不成立となった後の2度目の立ち合い。鋭く当たって押し込むと、右を絞って相手にまわしを許さない。自身はおっつけて右上手を取ると、すぐさま投げを打ち、相手を土俵に転がした。

「(幕内の土俵は)結構緊張した。お客さんが多いので、今までとまた違う雰囲気だった」。十両だった先場所に比べると、表情にはやや硬さが見えたが、今場所テーマにしている「脱力」を実践。仕切りで両肩を前後左右に揺らし、高ぶる気持ちを抑えた。

年始は2日から始動し、本場所3日前の時点で「全身が筋肉痛」と話すほど自らを追い込んできた。師匠の高田川親方(元関脇安芸乃島)は「稽古は十分に積んできた。それをしっかり出すことができれば、いい成績は残せる」と太鼓判を押す。

「まだ初日なので何とも言えないが、15日間集中する気持ちで一番一番やっていきたい」。今場所の目標に掲げる関取として初の2桁勝利と三賞獲得に向け、絶好のスタートを切った。

大相撲初場所で錦木を上手投げで破り初白星を挙げた竜電

親方との「特訓」奏功

一月場所五日目

平成三十（二〇一八）年一月十八日
二勝三敗 竜電 ●よりきり○ 石浦 東前頭十五枚目

立ち合いで低く当たって前に出る――。竜電は原点に立ち返って連敗を3で止めた。

立ち合い。身長が15センチ小さい石浦よりも低く当たった。懐に入ろうとする相手の頭に左肩をぶつけ、右脇を締めてまわしを許さない。体が起きた相手をそのまま押し切った。

先場所は懐に入られて投げられた相手に、付け入る隙を与えない万全の内容。「良かった。止まったら駄目だと思った」と満足そうに振り返った。

2、3日目は相手に合わせる相撲になったが、4日目の阿炎との一番は敗れたものの足がよく動いていた。取組後に師匠の高田川親方（元関脇安芸乃島）と「特訓」したことも功を奏した。

6日目は同じ一門で、部屋が近所の尾車部屋の豪風。初顔だが出稽古でたびたび胸を合わせている。場所前に豪風が出稽古に来たときには持ち味の速攻で圧倒している。

序盤戦は一つ黒星が先行したが、本来の相撲は取り戻しつつある。「これからも攻める相撲を取っていきたい。ここからです」。再十両後、勝率7割近い中盤戦で巻き返しを狙う。

【大相撲初場所】石浦を寄り切り2勝目を挙げた竜電（右）

【大相撲初場所】豪風を押し出しで破り、星を五分に戻した竜電（右）

3秒で大ベテラン圧倒

一月場所六日目

平成三十（二〇一八）年一月十九日

竜電　●おしだし○　豪風

三勝三敗　　東前頭十三枚目

竜電は万全の内容で2連勝。「止まらず、攻めることを意識した」。星を五分に戻した一番に手応えをにじませた。

幕内在位85場所、38歳の大ベテラン・豪風に何もさせなかった。「相手のことを考えるより、自分のやるべきことを、しっかりとやるだけ」。立ち合いで低く当たり、左を狙う。圧力を掛けて相手の体を起こして土俵際まで一気に押し込んだ。回り込もうとする相手にも足を止めずに付いていき、そのまま押し出した。立ち合いから3秒余りのスピード相撲だった。

豪風は同じ二所ノ関一門で、部屋が近所の尾車部屋に所属。たびたび高田川部屋に出稽古に訪れている。昨年12月20日の稽古では8番取って7勝1敗と圧倒。いずれも立ち合いで有利に立って、そのまま押し込む一方的な内容だった。

このときは「ベテランですから。本場所になったら何をしてくるか分からない」と警戒していたが、この日は相手の持ち味を全く出させなかった。稽古時の相性の良さを存分に出した。

7日目は幕下時代からの通算で1勝3敗とあいくちの悪い豊山が相手。唯一勝った昨年初場所では取り直しの末に押し出している。突き押しを得意とする豊山に対し、4〜6日目の3番同様、前に出続けることで勝機を見いだしたい。「ここからまだまだ相撲が続く。いつも通りを心掛け、自分の相撲を取り切っていきたい」

下がらず我慢 一転前へ

一月場所七日目

平成三十(二〇一八)年一月二十日

竜電 ●おしだし○ 豊山

四勝三敗　西前頭十四枚目

「(勝因は)攻めたから」。短い言葉に充実感がにじむ。竜電は我慢の相撲で3連勝。中日を前に白星が先行した。

不成立となった後の2度目の立ち合い。鋭く踏み込んだが、まわしを取れずに突き放された。先場所は同じ展開で一気に押し倒されたが、今場所は違った。土俵際まで下がらず右からのおっつけで徐々に前に出る。再び突き放そうとする相手を下から攻め立て、土俵下へ押し出した。

幕下時代から1勝3敗とあいくちが悪い「苦手」に、充実の相撲内容だった。「(内容は)あまり覚えていない」と振り返りつつも、相手の突き放しに踏ん張り、攻め急がず、自分の形になるまで我慢した。先場所とは違う相撲内容に成長の跡が見えた。

昨年の九州場所千秋楽で右脚を痛めたが、順調に回復し、今場所前の稽古では関脇玉鷲を寄せ付けなかった。「自分でも驚くくらい体が動いている」と話していたように、場所前の好調ぶりをここまで維持している。

8日目の相手は琴勇輝。先場所はこの日同様、相手の突き押しを我慢して最後は寄り切っている。「まだまだあるので。攻める相撲を取っていきたい」。白星が先行しても気の緩みはない。

【大相撲初場所】豊山(右)を押し出しで破った竜電

【大相撲初場所】琴勇輝を寄り切った竜電（左）

辛抱強く自分の形へ

一月場所八日目

平成三十（二〇一八）年一月二十一日

竜電　五勝三敗　●よりきり○　琴勇輝　東前頭十一枚目

竜電が止まらない。突き押しをこらえ、引きにも屈せず4連勝。「攻めていけて良かった」と満足げだった。

直前に勝った弟弟子の輝から力水を受け、普段のように肩を揺らしながら「脱力」して立ち合った。琴勇輝のもろ手突きに体が起きたが土俵際でぐっとこらえる。相手の引きにもしっかりと付いていき、懐に入って一気に寄り切った。

7日目の豊山戦同様、突き押し得意の相手に辛抱強く粘り、自らの形に持ち込む好内容だった。

十両に返り咲いた当初は相手の引きに前のめりに落ちる取組が多かったが、今場所はこらえて逆転につなげている。「足が動いているときは土俵に落ちない」と以前から語っているように、引きに屈しないのは好調の証しでもある。

この日は後援会の飯室元邦会長が社長を務めるＹＳＫｅ－ｃｏｍが寄贈した、富士山が刺しゅうされた新しい化粧まわしで土俵入り。会場でもファンから大きな声援が飛び、多くの期待を背負って土俵に立っている。

中日を5勝3敗で折り返すのは十両だった昨年の秋場所以来。「（8日目を終えて疲れは）問題ない。稽古をしっかりしているので。まだまだこれからなので、しっかり一番一番、勝っていきたい」

【大相撲初場所】立ち合いで東龍とぶつかる竜電（左）。寄り切って６勝目を挙げた

終盤戦へ弾み

一月場所十日目

平成三十（二〇一八）年一月二十三日

竜電 ●よりきり○ 東龍

六勝四敗　東十両二枚目

「一日一番に集中して、自分の相撲を取っていきたい」。この意識が充実した取組内容に表れている。竜電は十両相手に危なげない相撲で6勝目を挙げた。

十両時代に5度対戦して3勝2敗と分がいい東龍に何もさせなかった。立ち合いは頭から当たって五分。すぐに右上手を取り、左下手を探る。最後まで左まわしは取れなかったが、半身の相手に胸を合わせて一気に寄った。得意の体勢のまま、前に出続けた。

「師匠（高田川親方＝元関脇安芸乃島）からは動きを止めないようにと言われている」。「スピード」への意識を高めていることが白星につながっている。勝った6番だけでなく、敗れはしたものの4日目の阿炎、9日目の蒼国来との取組でも攻めのスピードは相手を上回っていた。

中盤戦（6〜10日目）は4勝1敗。再十両後の7場所で7割近い勝率を挙げている中盤戦で勢いに乗った。

終盤戦に入る11日目は、既に勝ち越しを決めている大栄翔とぶつかる。「攻め切ることができた。良かった。これを続けていきたい」。勝ち越しまであと2番。勝負の終盤戦に向かう。

心身充実「理想の相撲」

一月場所十一日目

平成三十（二〇一八）年一月二十四日
竜電 ●よりきり○ 大栄翔
七勝四敗　西前頭十三枚目

【大相撲初場所】大栄翔を寄り切る竜電（右）。７勝目を挙げ、勝ち越しまであと１勝とした

懐に入ってからもろ差しで一気に攻める。竜電は「理想的な相撲が取れて良かった」と自賛する取り口で7勝目。勝ち越しまであと一番とした。

相手は10日目で勝ち越しを決めて勢いに乗る大栄翔。十両に返り咲いた一昨年の九州場所で、はたき込みで敗れている相手を問題にしなかった。

鋭い踏み込みから懐に入り込む。もろ手で突き放そうとする相手をすぐに捕まえた。足を止めずにもろ差しの状態になると、振り払おうと回り込む相手の動きにも付いていき、そのまま寄り切った。「しっかり当たって中に入った」。支度部屋では満足そうに振り返った。

締め込みをえんじ色から、尊敬する師匠の高田川親方（元関脇安芸乃島）と同じ黒色に変えた。えんじの締め込みは２０１２年の新十両時から使っていたもので愛着があったが、連日のスクワットで下半身がたくましくなり、徐々に短くなったという。鍛え上げた下半身が今場所の素早い動きにつながっている。

12日目は初顔の大翔丸。郷土力士35年ぶりの勝ち越しをかけ、11日目と同様、突き押しを得意とする力士とぶつかる。「残り4日間もちゃんと相撲を取れるようにしたい」。安定した下半身と揺るがない精神面。充実した心身で勝ち越しをたぐり寄せる。

竜電 勝ち越し

幕内郷土力士35年ぶり 一月場所十二日目

平成三十(二〇一八)年一月二十五日
竜電 八勝四敗 ●よりきり○ 大翔丸 西前頭十一枚目

大相撲初場所で大翔丸を寄り切った竜電（左）。郷土力士として35年ぶりの勝ち越しを決めた

大相撲初場所12日目は25日、東京・両国国技館で行われ、東前頭16枚目の竜電（甲府市出身、高田川部屋）は西前頭11枚目の大翔丸を寄り切って8勝目を挙げ、新入幕場所で勝ち越しを決めた。県出身力士が幕内で勝ち越すのは35年ぶり。

竜電はこの日、大翔丸と対戦。十両以下も含めて初対戦の相手に対し、立ち合いで押し込むと、そのまま得意のもろ差しとなり、一気に寄り切った。

今場所の竜電は初日に西前頭15枚目の錦木を上手投げで下して幕内初白星。2～4日目は3連敗したが、5～8日目は持ち味の前に出る相撲で4連勝。9日目は東前頭12枚目の蒼国来に敗れたものの、10、11日目と連勝して7勝4敗とし、勝ち越しに王手をかけていた。

郷土力士が幕内で勝ち越すのは、元関脇富士桜が1983年秋場所で最後に勝ち越して以来。過去に入幕した郷土力士6人のうち、新入幕場所で勝ち越したのは2人だけで、71年秋場所の富士桜以来、47年ぶりに勝ち越しを決めた。

竜電は恵まれた体格を武器に、平成生まれのホープとして期待され、2012年の九州場所で新十両。しかし同場所の中日に右股関節を骨折して1場所で幕下に陥落した。その後同じ箇所を計3度骨折し、最下位の序ノ口まで番付を落とした。16年九州場所で十両に返り咲き、今場所、郷土力士として30年ぶりに新入幕を果たした。
初場所13日目は、東前頭6枚目の宝富士と対戦する。2桁勝利を目標に掲げる竜電は「今まで諦めず本当に良かった。まだ3日間あるのでしっかりやっていく」と話した。

電車道 2桁も現実味

【大相撲初場所】大翔丸を寄り切り、懸賞金を受け取る竜電（左）

新入幕で勝ち越しを決めた後の支度部屋。竜電の目からじわじわと涙があふれた。「ずっと諦めずにやってきた。信じて、耐えてきて本当に良かった」

この日の相撲はわずか3秒4。立ち合いで鋭く踏み込み、十両以下を含めて初顔となる大翔丸を起こす。身長が15センチ低い相手よりも低く入り、右、左と素早く差し込んで胸を合わせると前に出続けた。「何をされても前に出るだけだった」と振り返る。

朝稽古だけでなく、場所中も取組が終わってから、じっくりと四股を踏んでいる。疲れが出てくる終盤戦に入ってからも鋭い出足が衰えないのは、地道な稽古で安定した下半身をつくり上げてきたからだ。

郷土力士の新入幕での勝ち越しは1971年秋場所の富士桜（甲府市出身）以来、47年ぶり。それでも「場所が終わってから喜びたい」と気の緩みはない。

13日目の相手は東前頭6枚目の宝富士。幕内後半戦で初めて相四つとの対戦になる。幕内上位力士を相手にどこまで戦えるか。次の一番が十両時代も含めて初となる2桁勝利への試金石となる。

「（勝ち越しは）うれしいが、まだ3日間あるので、しっかりやっていく。自分はまだ27歳なので、ここからが勝負だと思っている」。勝ち越しを決めても変わらず前に進み続ける。

持久戦でも攻め一貫

一月場所十三日目

勝ち越すと硬くなる―。十両時代の悪癖は出なかった。竜電は1分を超える大相撲で、常に先手を取って9勝目を挙げた。「足を止めない」「先に攻める」。師匠の高田川親方（元関脇安芸乃島）からの教えを忠実に守った。

初めての幕内後半戦。上位力士との取組で「胸を借りるつもりでいった」。立ち合いで鋭く踏み込んで左を差し込む。相四つの宝富士から右上手を取れないとみると、もろ差し狙いに変更。約20キロ重い相手に右からの出し投げ、胸を合わせての寄りと先に仕掛けた。50秒を超え、いったん動きを止めて息を整え、一気に寄り切った。

今場所は6日目の豪風、12日目の大翔丸など、勝った取組は3～5秒の短時間の速攻。10秒以上になると、9日目の蒼国来戦のように劣勢となることが多かったが、この日は違った。動き続けることで主導権を握り、幕内上位力士を退けた。「体が勝手に動いた。我慢できて良かった」とうなずく。

14日目は体重205キロの巨漢・魁聖。十両時代の名古屋場所千秋楽では寄り倒している。「自分の相撲に集中して、一日一番全部出し切る」。自身初の2桁勝利、三賞をはっきりと視界に捉えた。

【大相撲初場所】宝富士を寄り切り、9勝目を挙げた竜電（左）

平成三十（二〇一八）年一月二十六日

竜電（九勝四敗）●よりきり○ 宝富士（東前頭六枚目）

【大相撲初場所】魁聖(奥)を下手投げで下した竜電

竜電10勝 初の2桁

一月場所十四日目

平成三十(二〇一八)年一月二十七日
竜電 ●したてなげ○ 魁聖
十勝四敗　西前頭八枚目

竜電は勝ち名乗りを受けると、大きく息を吐き、懸賞金を受け取った。新入幕場所で十両時代も含めて自身初となる2桁勝利。「攻め続けることができて、いい相撲が取れた。(土俵際は)もう夢中だった」。巨漢・魁聖との投げ合いを制し、口も滑らかだった。

どんな相手でもやることは変わらない。立ち合いで鋭く踏み込み、空いた両脇に腕を差し込んで得意のもろ差しに持ち込んだ。一度は土俵際まで追い詰めながらも寄り切れずに中央まで戻ったが、再度、土俵際まで寄って最後は投げ勝った。

立ち合いの良さが得意の形に持ち込める要因になっている。以前は先に両手をついて相手を待っていたが、この日までの5連勝はいずれも相手が両手をついた後に手をついている。自分のタイミングで勢いをつけて踏み込むことで相手の体が起き、腕を差し込めている。

「最近は稽古をしっかりできるようになり、それが自分の力になっている」。豊富な稽古量も幕内で戦う上での自信になっている。

千秋楽の相手は、2012年秋場所で幕下優勝を決めた時に押し出しで下した千代丸。幕下時代には3戦全勝(不戦勝含む)している。

場所前に目標に掲げた三賞は、10勝を挙げたことで有力となった。「明日(28日)は最後なので気を抜かずにやっていく。自分は挑戦者だと思っている」。勝って有終の美を飾りたい。

新入幕で躍進、初場所を振り返る
竜電「自信ついた」

初の２桁勝利、三賞を受賞した初場所を振り返る竜電＝甲府・山日ＹＢＳ本社

大相撲初場所で郷土力士として35年ぶりに勝ち越し、敢闘賞を受賞した東前頭16枚目の竜電（甲府市出身、高田川部屋）が29日に帰郷し、取材に応じた。新入幕場所は立ち合いの踏み込みから一気に寄る速攻が光り2桁勝利。10勝のうち7勝は10秒以内に勝負を決めた。「自信がついた。さらに自分の形を磨いていきたい」と語った。

「いい相撲ができたので、すごいうれしかった」。十両時代を含めて初の2桁勝利、三賞受賞に満面の笑みを見せた。

今場所、目立ったのは立ち合いの鋭さ。「何かぶらぶらさせると力が抜けるので、そこから強弱をつけてぱっと立った方が先手が取れる」。立ち合いを改善し、肩を揺らして「脱力」してから立つようにした。すぐにまわしを取り、189センチの長身ながら頭を付けて低い攻めを心掛けた。

6日目は38歳の大ベテラン・豪風に頭からぶつかって一気の押し出し。勝ち越しを決めた12日目の大翔丸戦は、鋭く踏み込み得意のもろ差しになってからの電車道だった。いずれも3秒余りの速攻で、「差しながら内側から攻めていく。やっぱりそれが自分の相撲だと思う」と振り返った。

「幕内で戦える」と自信がついたのは13日目の宝富士戦。初めての幕内上位（東6枚目）との対戦で、相四つで力比べになりながらも「押されても引かない。やっぱり我慢が必要」と1分を超す大相撲を制した。「自分の形になれば勝てるのかなという自信がついた」

2～4日目に3連敗したが、「あの黒星がいい方向につながった」と師匠の高田川親方（元関脇安芸乃島）。「自分の相撲を改めて見つめ直して、吹っ切れることができた」と評価する。竜電自身も前向きな気持ちを持ち続けたことが、5日目からの9勝2敗という成績につながった。

来場所は番付を上げ、幕内上位力士と多く対戦することが予想される。千秋楽の千代丸のようにもろ手で突いて引く相撲など相手も研究してくることが考えられる。「今回はうまくいったが、（自分の形を）またさらに磨いていきたい」と向上心は尽きない。

今年の目標は三役昇進。1年の最初の場所で好スタートを切った。「終わってみたらいい結果で良かったが、やっぱり力強さ、足腰の強さがまだまだ。たぶん今のままじゃ勝てないと思う。体を鍛えて稽古して強くなる、それだけ」。3月11日に初日を迎える春場所に向けて気持ちを高めた。

新入幕場所の戦績

初　日	○錦　木	うわてなげ	5秒9
2日目	●大奄美	よりきり	17秒9
3日目	●朝乃山	よりきり	5秒3
4日目	●阿　炎	うわてなげ	9秒5
5日目	○石　浦	よりきり	4秒9
6日目	○豪　風	おしだし	3秒4
7日目	○豊　山	おしだし	12秒2
8日目	○琴勇輝	よりきり	8秒7
9日目	●蒼国来	よりたおし	19秒7
10日目	○東　龍	よりきり	7秒8
11日目	○大栄翔	よりきり	4秒1
12日目	○大翔丸	よりきり	3秒4
13日目	○宝富士	よりきり	1分4秒9
14日目	○魁　聖	したてなげ	16秒8
15日目	●千代丸	ひきおとし	1秒1

幕内への道

竜電の歩み

入門から12年「大器」花開く

郷土力士として30年ぶりとなる新入幕を果たした竜電。小学校から柔道を始め、中学時代は全国大会に出場した。15歳で角界入りしてからは平成生まれのホープとして頭角を現し、22歳で新十両。5年前に負った股関節骨折の大けがを乗り越えて悲願をかなえた。入門から12年。「遅咲きの大器」が幕内に上がるまでの歩みを振り返る。

幼少～中学時代

甘えん坊

池田幼稚園時代。3人兄弟の末っ子で、甘えん坊だった（1996年12月）

片りん

池田小6年時の運動会。周囲と比べ、ひときわ大きかった（2002年）

柔道に情熱

柔道に情熱を注いだ竜王中時代。県大会では常に入賞する実力だった（2004年11月）

年表

1990年11月10日	●父・秀樹さん、母・勝子さんの三男として誕生
97年春（6歳）	●池田小入学
2003年春（12歳）	●竜王中入学
夏	●全国中学校柔道大会団体戦出場
04年夏（13歳）	●全国中学校柔道大会団体戦出場
05年春（14歳）	●高田川親方（当時千田川、元関脇安芸乃島）と出会う
8月	●入門を決意、全国中学校柔道大会団体戦出場
06年2月（15歳）	●高田川部屋に入門。しこ名は竜電
3月	●初土俵。前相撲で2勝2敗。2番出世で、序ノ口へ
5月	●西序ノ口28枚目。初めて番付表に名前が載る
7月	●序二段に昇進
07年3月（16歳）	●三段目に昇進
08年3月（17歳）	●幕下に昇進
09年～12年	●幕下に定着
12年9月（21歳）	●東幕下12枚目で7戦全勝で優勝
11月（22歳）	●新十両。西12枚目で臨むも中日に股関節を骨折し、1場所で幕下へ陥落
13年1月	●けがが完治しないまま出場して負け越し。けがが悪化

入門～新十両

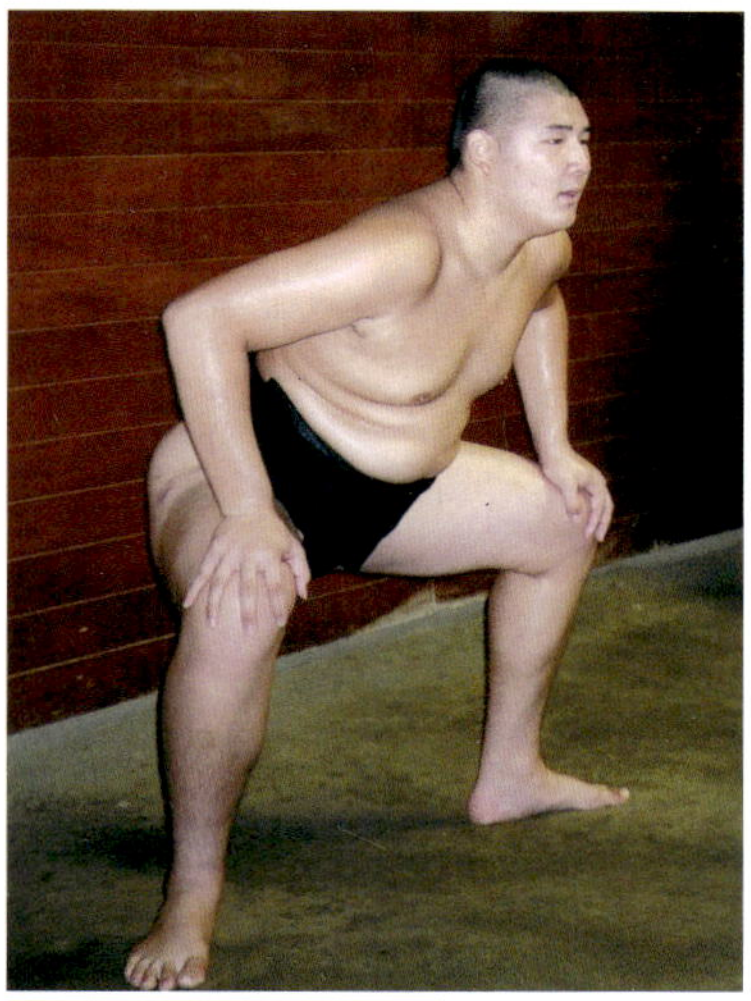

初のまわし

高田川部屋の見学で初めてまわしを着けた。この後、入門を決めた
（2005年夏）

24年ぶり

山梨県出身者24年ぶりの十両昇進が決まりガッツポーズ。だが新十両の場所で大けがを負い、１場所で陥落した
（2012年９月）

再十両～新入幕

返り咲き

４年ぶりに十両に返り咲き、甲府市内で開かれた祝賀会に出席した竜電
（2016年10月）

立ち合い

まだまげが結えていないころ

前　進

青狼を下手投げで下し、４場所連続の勝ち越し。新入幕に向けて大きく前進する一番となった
（2017年11月）

3月	●2度目の股関節の骨折
7月	●3度目の股関節の骨折。三段目に降格
11月	●序二段に降格
14年1月～7月（23歳）	●序ノ口に陥落。番付表に名前を残すため7番相撲だけ出場する
14年8月	●けがが癒え稽古に復帰
9月	●西序ノ口17枚目で場所に復帰。7戦全勝で優勝
11月（24歳）	●7戦全勝で序二段優勝
15年1月	●7戦全勝で三段目優勝。序ノ口から三段目まで3場所連続優勝は03年の時天空以来
3月	●幕下に戻る
16年9月（25歳）	●西幕下2枚目で4勝3敗と勝ち越す
11月（26歳）	●4年ぶりに十両返り咲き。昭和以降では3番目に低い地位（西序ノ口17枚目）からの再十両。東13枚目で9勝6敗と勝ち越す
17年1月	●西十両10枚目で9勝6敗と勝ち越し
3月	●西十両8枚目で6勝9敗。再十両後、初めての負け越し
5月	●東十両12枚目で9勝6敗と勝ち越し
7月	●東十両8枚目で9勝6敗と勝ち越し
9月	●東十両5枚目で8勝7敗と勝ち越し
11月（27歳）	●西十両2枚目で8勝7敗と勝ち越し
12月26日	●番付発表で、来年1月の初場所で郷土力士として30年ぶりの新入幕が決まる

偶然が生んだ入門

柔道から角界入り決断

部屋の見学でまわしを締めてそんきょの姿勢をとる竜電。その後、大相撲の世界に入ることを決めた＝東京都内（２００５年）

親方の言葉 胸に響く

２人の出会いは偶然だったのか、それとも運命だったのか。

２００５年春、竜王中の校長室に呼び出された竜電は、高田川親方（元関脇安芸乃島）と向かい合った。「男の中の男になれ」。相撲のことはよく知らなかったが、その言葉は胸に強く響いた。

高田川親方はこの日、柔道でライバル関係にあった同級生をスカウトするため学校を訪れていた。「他にも体の大きい子がいる」と校長が薦めたのが出会いのきっかけだった。

ビビッときた

１８５センチ、１２０キロ。りりしい表情で目の前に立つ少年は、師匠の故・藤島親方（元大関貴ノ花）に雰囲気が似ていた。「このときばかりはビビッときた」（高田川親方）

甲府市に生まれ、小学校から柔道を始めた。強くなるため、４歳上の兄と同じ竜王中に進んだ。団体で全国大会に出場するなど、重量級では県内屈指の選手だった。

一方で、相撲は両親がテレビで見ているのを横目で眺める程度。「安芸乃島って人から相撲やれって言われた」。自宅に帰って父の秀樹さんに話すと、「有名な人だぞ」と驚かれた。

高田川親方はそれから足しげく山梨を訪れた。「人生は一度きり。勝負を懸けてみないか」。食事の席で熱心に誘われた。

部屋に住み込みで稽古を積み、関取になるまでほぼ無給。全体の１割程度しか関取の座をつかめない厳しい世界。「柔道か相撲か、正直迷いはあった」。しかし柔道では、県大会の個人戦でいつも２位。「県外の名門校に進んだ兄ほどの実績は残せなかった。柔道に行き詰まりを感じていた」。会うたびに気持ちは相撲へ傾いていった。

夏休みに上京して部屋を見学し、まわしを締めて稽古をつけてもらった。四股を踏んでそんきょの姿勢をとる。格闘技が好きな竜電にとって１対１の真剣勝負は魅力だっ

高田川親方（左）と握手を交わす渡辺裕樹＝竜王中（2005年）

【関東中学校柔道男子団体１回戦　竜王ー下妻東部】
竜王・渡辺祐樹（右）が大外刈りで一本勝ち
＝小瀬武道館（2005年）

た。まわしを締めて土俵に立つのは気分が良かった。

「相撲の道に進もうと思います。親方についていきます」。見学後の8月下旬、竜王中柔道部の佐々木秀人監督に角界入りを決断したことを告げた。

11月に初めて県大会で優勝し、柔道への気持ちは吹っ切れた。翌年1月下旬、他の生徒より一足先にたった1人の卒業式を終えた。

「やってやる」

2月中旬の入門の日、両親と食事を取った後、部屋へ向かった。「じゃあ、行ってくる」。軽く声を掛けてドアを閉めた。その後ろ姿は少し寂しそうにも見えたが、部屋の扉を開けると、気持ちは切り替わっていた。「よし、やってやる」

竜王中の「竜」に、江戸時代の強豪大関・雷電の「電」を取り、「竜電」と名乗った。翌月の春場所で初土俵。初の本場所での取組は寄り切りで敗れた。後に郷土力士として30年ぶりの幕内力士となる男が、第一歩を踏み出した。

平成生まれのホープ
17歳で幕下 苦節4年半

幕下時代。父・秀樹さん（左）は最大のファンであり、良き理解者となっている（2010年1月）

猛稽古支えに十両昇進

平成生まれのホープ―。17歳で迎えた2008年春場所で幕下に上がると、相撲雑誌や好角家から注目を浴び始めた。190センチの長身。寄り切りを得意とする真っ向勝負の取り口。そして甘いマスク。将来のスター誕生を予感させた。

勝てず、稽古の厳しさから食事はほとんどのどを通らなかった。体重は入門時の130キロから5カ月で25キロも減った。

それでも「やめて家に帰りたいとは一度も思わなかった」。強い相手に勝ちたい、兄弟子のように個室で生活して先に食事をとりたい―。上昇志向の方が強かった。

連続で100番

当の本人は「毎日の稽古で必死だった」。角界でも有名な高田川部屋の猛稽古。四股、すり足の基本運動に始まり、申し合いと呼ばれる取組形式の稽古は連続で100番を超えることもあった。

真っ向勝負を志向する高田川親方（元関脇安芸乃島）の前で、少しでも引くと怒声が飛ぶ。厳しい稽古が飛躍を支えた。「後ろに下がらなくなり、思い切り自分の相撲が取れるようになった。この3年間やってきた成果が出てきた感じがする」。幕下時代の09年12月の取材にこう答えている。

壁にぶつかった時期もあった。入門当初は兄弟子に全く

出世レース

2度目の壁は幕下時代。09年九州場所で幕下15枚目に上がったものの、その後は上位と下位を行ったり来たり。同年代でトップに立っていた出世レースも、気付けば平成生まれ最初の関取の座は違う力士に奪われていた。「稽古はしていたが、結果が付いてこなかった。ただ自分より強い相手がたくさんいる、ということを知ることができたのは自分にとってプラスだった」と振り返る。

新十両のチャンスをつかんだのは12年秋場所。初めて幕下に上がってから4年半が過ぎていた。

高田川親方と十両昇進を喜ぶ竜電（右）。喜びから一転、新十両場所で相撲人生を変えるアクシデントが竜電を襲う＝東京都江東区・高田川部屋（2012年9月）

「どうせまた負けるんだろ」。4連勝後、高田川親方からの一言で肩の力が抜けた。3場所前の春場所では、4連勝後に痛恨の黒星を喫して6勝1敗で優勝を逃していた。竜電の性格を読んでの一言だった。その後は3連勝して7戦全勝で優勝。郷土力士として24年ぶりの新十両を決めた。

1カ月半後の九州場所の初日。黒地に金の刺繍（ししゅう）で高田川部屋の紋が縫い付けられた化粧まわしを着け、十両土俵入りをこなした。幕内に上がり、三役へ、目の前には輝く未来が待っている―。関係者の誰もがそう思った。しかし1週間後、相撲人生を変えるアクシデントが竜電を襲うことになる。

新十両 最初の場所で骨折
負の連鎖 序ノ口へ転落

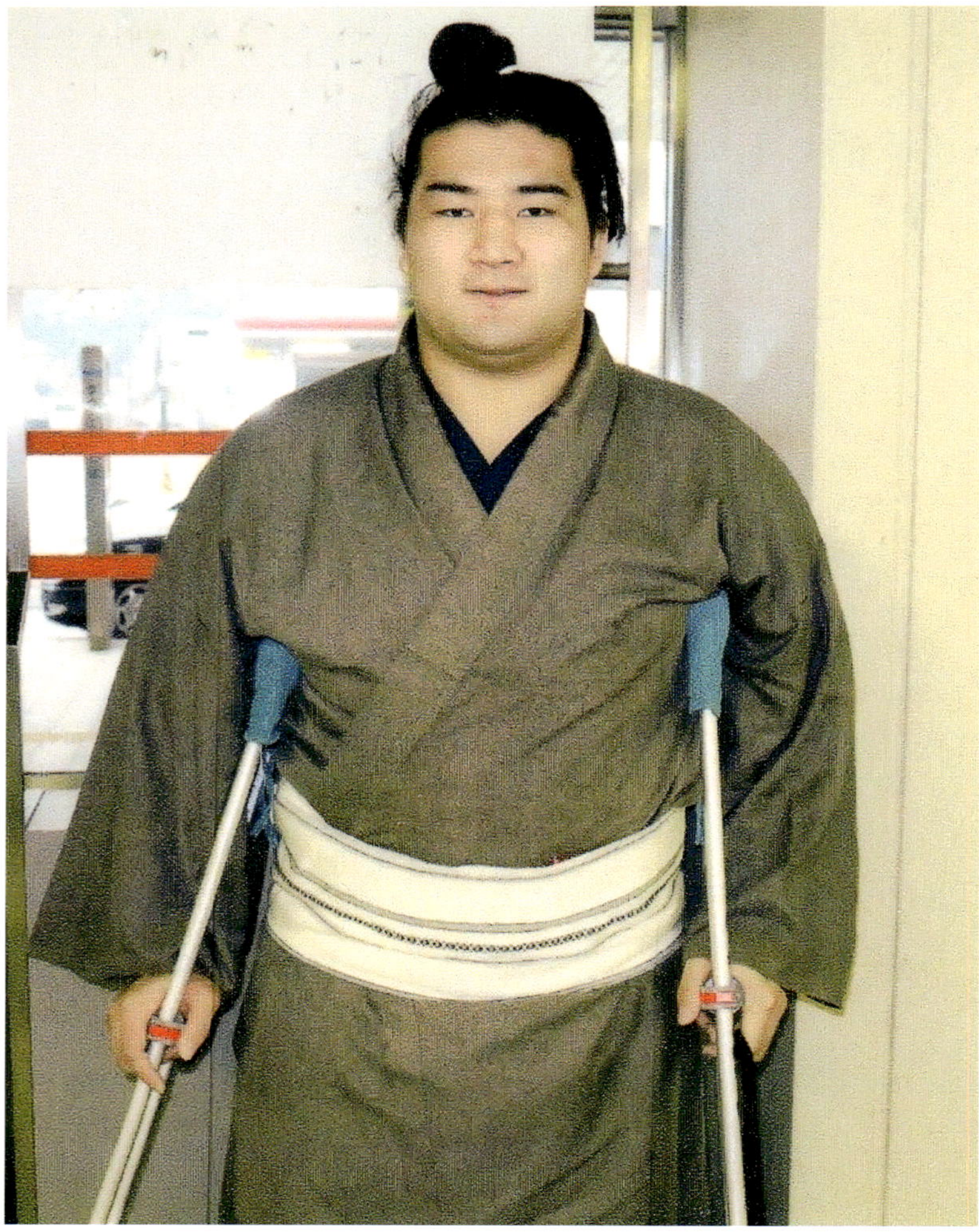

新十両の九州場所中日に股関節を骨折し、松葉づえをつく竜電。以降、同じ場所を2度骨折した＝福岡空港（2012年11月）

「諦めない」強い心で再起

「ばこん」。はたき込みをこらえようと右足を踏ん張った瞬間、股関節の辺りで大きな音がした。新十両として迎えた2012年九州場所中日。大岩戸との取組でアクシデントは起きた。何とか立ち上がったが、土俵を下りると花道で激痛が走った。

「右股関節の骨折」。2年近くに及ぶけがとの闘いが始まった。

当初は全治半年と診断されたが、「長引かない」と思っていた。違和感はあったものの、痛みはすぐに消えて稽古もできた。幕下に陥落した翌年の初場所は2勝5敗で負け越し。それでも「意外と動ける。大丈夫かな」と楽観的だった。

しかし春場所1週間前の稽古中に同じ箇所が再び折れた。夏場所を全休した後に出場した名古屋場所5日目に3度目の骨折。しかも折れた範囲が恥骨付近から座骨まで広がっていた。

「相撲を取るのは難しいかもしれない」。医師からは「再起不能」を告げられた。診察室でうつむいていると、隣に立っていた高田川親方（元関脇安芸乃島）が肩をぽんとたたいた。「やり直そう」。折れかけた気持ちが辛うじてつながった。

悔しさかみしめ

「次に骨折したら引退」と腹をくくった。骨が元通りになるには半年ほどかかる。痛みがなくなっても絶対安静にする。心に決めた。

日常生活に支障はなかったものの、踏ん張ることは厳禁。患部に負荷が掛かるため、重い物は持てず、上半身のトレーニングもほとんどできない。稽古場には下りず、部屋でじっとしていた。悔しさをかみしめ、同期の栃ノ心、弟弟子の輝らが順調に出世するのをテレビで見ていた。

「相撲の神様のもっと頑張れというメッセージ」。高田川親方は厳しい声で背中を押してくれた。「頑張れ」。地元のファンからの声を聞くたびに「このままでは終われない」と気持ちを奮い立たせ

神の山を寄り切りで破り、序ノ口優勝を決めた竜電（左）。3場所連続で優勝し、一気に幕下まで駆け上がった＝両国国技館（2014年9月）

た。

稽古場に戻ったのは14年1月。最初は「鉄砲」と言われる柱を突っ張る稽古だけだったが、「稽古ができただけで、うれしかった」。番付が最下位の序ノ口まで下がった初場所から名古屋場所までは、番付外に落ちるのを避けるため最後の7番相撲だけ取った。

3場所連続優勝

医師から完全復帰のゴーサインが出たのは同年8月。最初の骨折から1年9カ月がたっていた。西序ノ口17枚目で迎えた秋場所で優勝すると、序二段、三段目まで3場所連続優勝。一気に幕下まで番付を上げた。稽古量も少しずつ増やした。

幕下通過には10場所を要したものの、昨年の九州場所で4年ぶりに十両に戻った。十両で初めての勝ち越しを決めた12日目。普段はほとんど話さない支度部屋で報道陣からの問い掛けに、しみじみ語った。「諦めないでよかった」

71場所目 最高の舞台へ
「前へ」貫いた自分の形

【大相撲秋場所】竜電（左）は青狼に寄り切られ8勝7敗で場所を終えた＝両国国技館（2017年9月）

【大相撲九州場所】琴恵光を押し出して7勝目を挙げた竜電（右）＝福岡国際センター（2017年11月）

三役目標「勝負ここから」

関取・竜電の朝は早い。午前7時、稽古場の北東側の定位置でゆっくりと四股を踏む。

通常、稽古を始めるのは番付が下の若い衆からで、関取衆が始めるのは午前9時ごろ。竜電は2時間近く準備運動をしてから取組形式の申し合いに入る。稽古後には入浴、ストレッチに時間をかける。けがをしない体をつくるために取り組んでいる日課だ。

十両に返り咲いた2016年の九州場所、17年の初場所はともに9勝6敗。2桁勝利には届かなかったものの、上々のスタートを切った。

「次もいけるんじゃないか」。番付が自己最高位の西8枚目まで上がった春場所前に気持ちが緩んだ。今まで熱心に取り組んでいた筋力トレーニングの回数を減らした日が何日かあった。本場所に入ると、思ったように力が入らず初日から5連敗。6勝9敗で再十両後初めて負け越した。

以降は付け人にトレーニングをしたかどうか尋ねるように頼み、決まった回数をやり切ることを心掛けた。夏場所、名古屋場所は9勝6敗と2場所連続で勝ち越し。「稽古はうそをつかない」と再認識した。

2桁届かず

2桁勝てば新入幕に届く東5枚目で迎えた秋場所。足を止めずに動き続け、力強く寄る。持ち味を存分に出して11日目に勝ち越しを決め、優勝争いの単独トップに立った。

しかし「優勝、新入幕を意識し過ぎた」。12日目から4連敗で一気に失速して8勝7敗。優勝どころか、2桁勝利にも届かず「負け越しに等しい」と唇をかんだ。

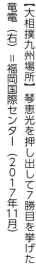

幕下時代から連敗癖があり、十両でもその悪癖を引きずっていた。「勝とう勝とうと思うと体が硬くなる」。原因は分かっていたが、気持ちの切り替えがうまくできなかった。

「稽古をするしかない」。巡業中はバスから降りたら、すぐにまわしを着けて四股を踏む。取組の合間は170キロの付け人を背負ってスクワッ

報道陣の質問に答える竜電（左から2人目）。左端は高田川親方

笑顔で報道陣の質問に答える竜電＝いずれも東京・高田川部屋（2017年12月）

ト。本場所中も取組後に稽古場に入ってその日の相撲を振り返った。気付けば、稽古量はけがをする前よりも増えていた。

万感の思い

迎えた九州場所。勝ったり負けたりで星はなかなか伸びなかったが、4日目に幕内で初めて相撲を取り、懸賞金を手にした。8勝7敗。3連敗はなく、悪癖だった連敗癖も改善の跡が見えた。新入幕に向けて最低条件の勝ち越しはクリアしたものの、「正直、入幕できるかは微妙だと思っていた」という。

17年12月26日。番付表の1番上には「竜電」の文字があった。「ここに名前が載ることが夢だった」。会見での一言一言には万感の思いが詰まっていた。

入門から12年。ホープと期待された逸材は70場所かけて最高峰の舞台にたどり着いた。大けがをしてつまずいたこともあった。それでも諦めずに前に進んだ道は、憧れの場所へとつながっていた。「勝負はここから。早く三役に上がりたい」。ゴールはまだ先にある。

（おわり）

竜電ファン 400人が入幕祝福

甲府で後援会が祝賀会企画

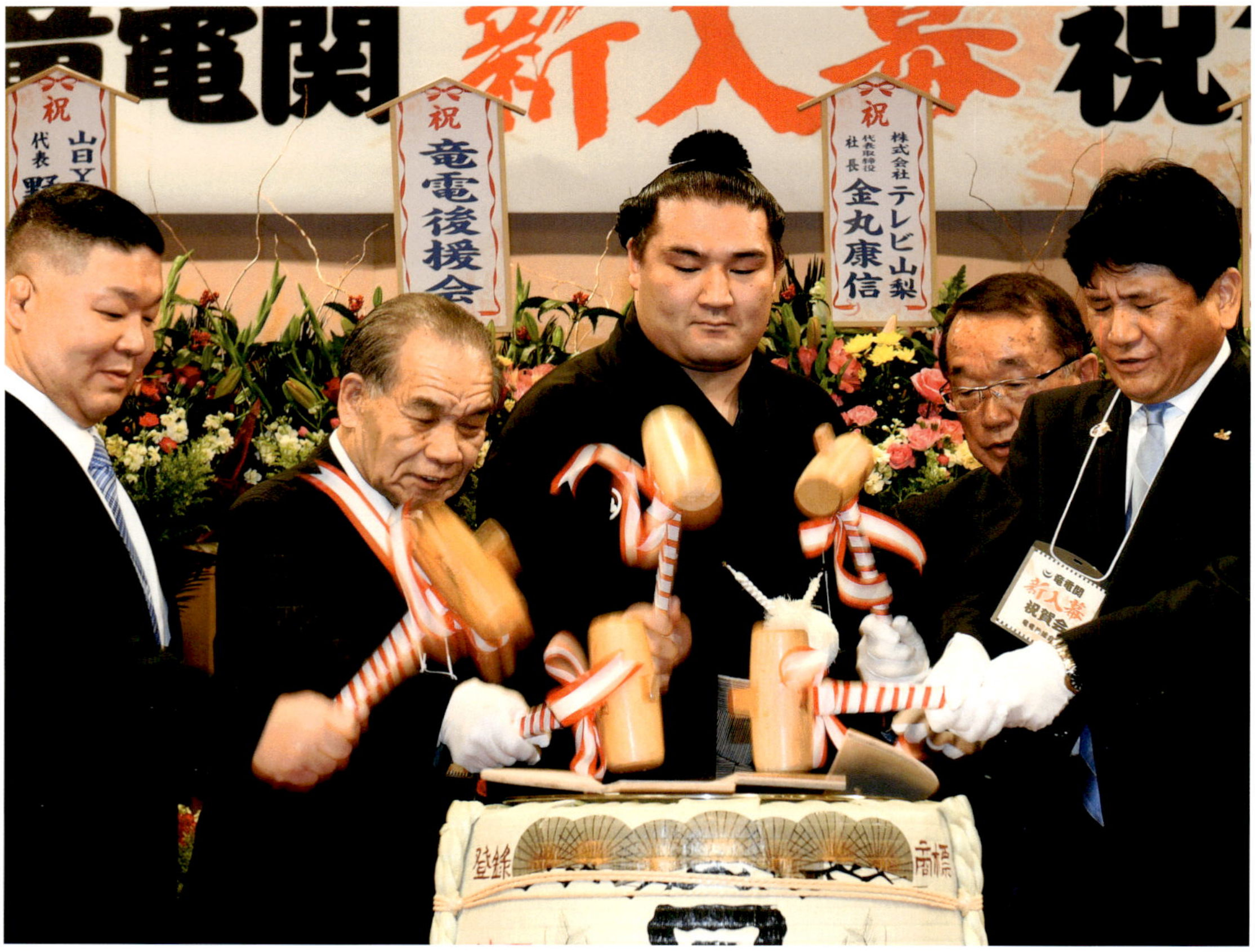

鏡割りをする竜電関（中央）と関係者＝甲府市高畑２丁目

大相撲初場所（14日初日・両国国技館）で郷土力士として30年ぶりの新入幕を果たした甲府市出身の竜電関＝本名・渡辺裕樹、高田川部屋＝の祝賀会が11日、甲府市内で開かれた。新入幕に合わせて新調した化粧まわしが披露され、訪れたファンからは「次は三役昇進を」と期待する声が上がった。竜電関は「関取になってから達成していない2桁勝利、三賞獲得を目指したい」と決意を新たにした。

竜電後援会（飯室元邦会長）が企画し、竜電関のほか、師匠の高田川親方（元関脇安芸乃島）、幕内の輝関、部屋所属の三役格行司の式守勘太夫が出席。約４００人のファンが昇進を祝福した。

飯室会長が目録を手渡した後、竜電関が幕を引き、新調した化粧まわしが披露されると、会場からは大きな拍手が湧き起こった。

化粧まわしは後援会が発案。印傳屋上原勇七（甲府市川田町、上原重樹社長）が製作した甲州印伝を使い、金地にしこ名にちなんだ「竜のうろこ」の文様があしらわれている。初場所初日の土俵入りで締める予定で、竜電関は「渋い感じで自分にぴったり」と笑顔を見せた。

鏡開きで昇進を祝った後、甲府市の樋口雄一市長が「今場所活躍し、今年はさらに躍進してほしい」と激励。竜王中時代の同級生の村松蓮さん（27）＝甲斐市＝は「中学時代から一番努力をしていた。三役を目指して頑張ってほしい」とエールを送った。

竜電関は「けがをして苦しい時期があったが、山梨の人たちの応援でここまでこられた」と感謝。「ここからが自分の相撲道の始まり。もっと稽古をして強くなっていきたい」と、郷土力士では富士桜（甲府市出身）以来となる35年ぶりの幕内勝ち越しに向け意気込んだ。

この日は県庁も訪れ、後藤斎知事に昇進を報告。県のイメージアップやPRに取り組む「やまなし大使」の委嘱を受けた。

あいさつをする竜電関

新たな化粧まわし 郷土の伝統まとい戦う

　力士にとって、「顔」ともいえる化粧まわし。竜電の新入幕に向け、山梨の伝統工芸品である甲州印伝を使ったものが新調された。しこ名にちなんで「竜のうろこ」の文様があしらわれており、昇り竜の勢いで三役昇進を目指す。

　化粧まわしは十両以上で着けることが許され、取組前に行われる土俵入りの際に締める。竜電が2012年九州場所で新十両に昇進したときには二つの化粧まわしが作られた。

　一つ目は黒地に高田川部屋の紋が入ったシンプルなデザインで、再十両後の土俵入りでも一貫してこの化粧まわしを着けている。竜電自身も「周囲の評判も良くて、気に入っている」と言う。

　二つ目は紺地に白い竜があしらわれている。ただ、新十両場所の中日の土俵入りで初めて使ったところ、その日の取組で股関節を骨折。「けがのことを思い出してしまうので、なかなか着けづらい」(竜電)と以降は本場所では着用していない。現在は巡業でのみ着けている。

　今回作られた「3代目」は竜電後援会(飯室元邦会長)が発案し、印傳屋上原勇七(甲府市川田町、上原重樹社長)に製作を依頼。化粧まわしの飾りとなる甲州印伝は縦45センチ、横60センチで、北米に生息する大型鹿の皮を特注して作った。相撲博物館によると、化粧まわしの素材で皮を使ったものは珍しいという。飯室会長は「伝統ある甲州印伝のまわしを締めてもらい、勝ち続けてほしい」と話す。

　飯室会長が社長を務めるYSKe－comが発注した「4代目」も製作中。竜電は「多くの人からの応援はうれしい。化粧まわしに恥じないように本場所でも勝っていきたい」と気合を入れた。

新入幕場所に合わせて新しく作られた化粧まわしを眺める後援会の飯室元邦会長。飾りには甲州印伝が使われている＝甲府市高畑２丁目

大相撲初場所で甲州印伝を使った化粧まわしで土俵入りする竜電関。幕内初土俵を白星で飾った＝両国国技館

竜電関、4年の愛実る

婚約発表　看護師・福丸さんと

婚約を発表した後、福丸麻惟さんを抱き上げる竜電関

大相撲の郷土力士で東前頭7枚目の竜電関（28）＝甲府市、高田川部屋＝が1日、甲府市内で記者会見を開き、鹿児島県霧島市出身の看護師、福丸麻惟さん（33）との婚約を発表した。出会いは2015年4月で、竜電関にとって度重なるけがからはい上がろうと奮闘していた時期。「近くで支えてもらって頑張れた」と〝二人三脚〟で乗り越え、幕内昇進を果たした。「お電くん」「まいちゃ」と呼び合う2人。婚姻届の提出はこれからといい、結婚披露宴は6月9日に東京都内で開く予定。

きっかけは知人の紹介。第一印象を「きれいだな。会った時におっとなった」（竜電関）、「気遣いのできる、とても優しい方」（福丸さん）と互いに語る。出会いから1、2カ月で交際をスタートさせた。

竜電関は十両に昇進し、関取になったものの、股関節の負傷を繰り返して番付を落として当時は幕下。「けがをして落ちて、復帰して2、3場所目くらいの時。いろんな方に支えてもらったが、近くで支えてもらったので頑張れ

婚約を発表する竜電関と福丸さん

幕内昇進「支えてもらった」

竜電関と並び、婚約指輪を披露する福丸さん＝いずれも甲府市高畑２丁目

た」と振り返る。つらい時も『頑張って。気負いすぎても駄目だから』って。上げすぎず、下げすぎず、うまく誘導された。いい感じにしてくれた」とのろけた。

相撲初心者という福丸さんは〝内助の功〟に徹してきた。「相撲のことを知らずにお付き合いを始め、一緒に覚えていった。関取になるまでの幕下の１年間は気持ちの部分が大変そうだった。負担をかけないように心掛けた」

福丸さんの左手薬指に輝くのは、２人で一緒にデザインを決めて県内ジュエリー会社でつくった婚約指輪だ。「体調のこととか、相談していけるようになっていきたい。何かあったときでも、支えになれるように頑張っていきたい」と福丸さん。竜電関は「ここからがスタート。大勝ちできるように、より一層、稽古していきたい」と力を込めた。心強いパートナーとともに、三役昇進を目指す。

同日は竜電山梨後援会の新春の集いも開かれた。

絵になり華もある力士、粘り腰の復活劇

山梨日日新聞社論説委員長　向山文人

絵になる力士である。均整の取れた体（身長190センチ、体重149キロ）に、端正な顔立ち。四つ相撲主体の本格派の取り口には華もある。さながら錦絵から飛び出してきたかのようだ。

江戸時代の強豪大関・雷電に由来する「電」と、出身校の竜王中からの「竜」を組み合わせたしこ名。郷土力士として昨年、30年ぶりに入幕し、いまや幕内力士として定着した竜電（甲府市出身、高田川部屋）への、期待の大きさの表れでもある。

彼の入幕と活躍で、県民の相撲ファンが確実に広がった。郷土力士としては富士桜以来の三役、できれば富士錦以来、2人目の幕内優勝を―。郷土力士の土俵に、県民はこぞってエールを送る。

竜電を語るのに欠かせない二つの要素がある。一つは10代で大器を予感させたこと。18歳で幕下の優勝決定戦に出場して一躍注目を集め、親方衆から「白鵬らモンゴル人横綱に割って入る逸材」と言われた。22歳で十両に昇進するまでは順調な出世だった。

もう一つは、新十両の2012年九州場所の取組で股関節を骨折し、番付再下位の序ノ口まで降下しながらカムバックしたことだ。同じ箇所を3度負傷して十両復帰までに4年を要したが、27歳の18年初場所では最上位の幕内力士に。十両↓序ノ口↓幕内という落差のある復活劇は、伝統ある大相撲史上2人目のことだった。

立ち合いで低く当たり、左四つか、もろ差しになって寄る正攻法の取り口。新入幕での「竜電旋風」での敢闘賞は鮮烈で、以後も着実に力を付けている。課題は、後手に回ると腰高になって攻め込まれることや、小兵の業師や巨漢力士といった苦手なタイプがいることだ。

とはいえ、どん底からはい上がってきた精神力と、稽古熱心さは定評がある。本場所前に常に「2桁勝利を目指す」と語る心意気も良い。「攻めの速さと力強さが出せれば、三役どころかその上（大関）が狙える」と高田川親方（元関脇安芸乃島）も太鼓判を押す。絵も華もある力士だけに、強さが増せば全国区の人気力士になるだろう。

大相撲は土俵入りなどで出身地がアナウンスされるなど、プロスポーツの中で郷土との関わりが強い。人口減や高齢化が進む山梨を元気にし、県外に山梨を発信する意味でも、竜電の飛躍に期待したい。

高田川親方の喝!

「竜電は、（2019年3月場所で）ようやく勝ち越し十番勝ったが内容がよくない。よりスピードを活かした相撲を取っていれば、もっと勝てていた。確実に自力はついているのだから十勝に満足せず、こんなもんじゃないというところを見せてほしい」

（19年4月30日発行の高田川新聞より一部抜粋）

題字揮毫

四十一代　式守伊之助（高田川部屋）